Erich Fromm

Die Revolution der Hoffnung

Für eine humanisierte Technik

W0371241

rororo

Rowohlt

Die Originalausgabe erschien unter dem Titel
«The Revolution of Hope. Toward a Humanized Technology»
bei Harper & Row, Publishers, New York, Evanston and London
Ein Band der «World Perspectives»,
geplant und herausgegeben von Ruth Nanda Anshen
Mitherausgeber der «World Perspectives»: Sir Kenneth Clark / Richard Courant / Werner Heisenberg / Konrad Lorenz / Robert M. MacIver / Jaques Maritain / Joseph Needham / J. J. Rabi / Sarvepalli Radnakrishnan / Alexander Sachs / C. N. Yang
Aus dem Englischen übersetzt von Klaus Birkenhauer
Umschlagentwurf Jan Buchholz und Reni Hinsch

1.–18. Tausend Dezember 1974
19.–25. Tausend Februar 1976
26.–33. Tausend Oktober 1977

Veröffentlicht im Rowohlt Taschenbuch Verlag GmbH,
Reinbek bei Hamburg, Dezember 1974
© Ernst Klett Verlag, Stuttgart, 1971
«The Revolution of Hope» © Erich Fromm, 1968
Satz Aldus (Linotron 505 C)
Gesamtherstellung Clausen & Bosse, Leck/Schleswig
Printed in Germany
480-ISBN 3 499 16887 1

Denn bei allen Lebendigen ist,
was man wünscht: Hoffnung
Prediger Salomo 9, 4

Inhalt

Vorwort zur deutschen Ausgabe

Dieses Buch ist eine revidierte Fassung der amerikanischen Originalausgabe, die ich vor fast zwei Jahren während der Kampagne von Senator Eugene McCarthy um die Präsidentschaftsnominierung geschrieben habe. Ich nahm an dieser Kampagne aktiv teil, weil ich hoffte, wenn McCarthy zum Präsidenten gewählt würde, würde die Politik der Vereinigten Staaten ihre Richtung ändern. Das ist nicht geschehen. Die Gründe des Fehlschlags sind zu verwickelt, um hier erörtert zu werden. Trotzdem bleibt die Tatsache bemerkenswert, daß ein Mann, der vorher kaum bekannt war, der das Gegenteil eines typischen Politikers ist, der es ablehnt, durch Sentimentalität oder Demagogie Stimmen zu gewinnen und der sich entschieden gegen den Krieg in Vietnam ausspricht, daß dieser Mann die Zustimmung und sogar die begeisterte Unterstützung eines großen Bevölkerungsteils gewinnen konnte – von der radikalen Jugend, den Hippies und den Intellektuellen bis zu den Liberalen der höheren Mittelklasse. Es war ein Kreuzzug, wie es ihn in Amerika noch nicht gegeben hatte, und es schien fast wie ein Wunder, daß dieser professorale Senator, dieser Freund der Poesie und Philosophie ein ernsthafter Bewerber um die Präsidentschaft sein konnte. Dies bewies, daß ein großer Teil der amerikanischen Bevölkerung für eine Humanisierung bereit ist und darauf wartet.

Die Niederlage McCarthys, der Sieg von Nixon, die Fortsetzung des Vietnam-Kriegs und die Zunahme konservativ-reaktionärer Tendenzen in den Vereinigten Staaten haben den Geist der Hoffnung geschwächt, der im Sommer 1968 so offen zu Tage getreten war, aber sie haben ihn keineswegs vernichtet. Die Demonstration von rund fünfhunderttausend Menschen, die in Washington gegen den Vietnam-Krieg protestierten, war nur eines der Anzeichen, daß die Hoffnung und der Wille zur Veränderung noch lebendig sind. Und die Reaktion weiter Kreise auf die Gefahren der Umweltverseuchung ist ein zweites Anzeichen, daß die Sorge um das Leben in einem großen Teil der amerikanischen Öffentlichkeit immer noch stark ist.

Für die Veröffentlichung dieses Buches auf deutsch brauchte nichts Wesentliches verändert zu werden. Es wurde zwar in erster Linie im Blick auf amerikanische Verhältnisse geschrieben, doch betrachtet es die amerikanische Gesellschaft als eine Ausprägung der europäisch-nordamerikanischen technischen Gesellschaften, die alle grundsätzlich denselben Problemen gegenüberstehen. Trotzdem hielt ich es für nötig, die Originalausgabe in zweierlei Hinsicht zu revidieren. Erstens habe ich im letzten Kapitel einige Passagen gestrichen, die sich speziell auf die Vereinigten Staaten beziehen und für die Leser in anderen Ländern von geringem Interesse sind. Zweitens habe ich versucht, das letzte Kapitel nicht nur durch Streichungen zu straffen, sondern auch einige Überlegungen deutlicher auszudrücken, als sie nach meiner Ansicht in der Originalausgabe formuliert waren, die etwas in Eile entstand.

Im Gegensatz zu meinen früheren Werken sollte dieses Buch nicht so sehr neue theoretische Vorstellungen entwickeln, sondern Vorstellungen neu ordnen, mit denen ich mich früher auf akademischere Weise beschäftigt hatte; es appelliert an die Liebe zum Leben (Biophilie), die in vielen von uns noch vorhanden ist. Nur durch ein klares Bewußtsein der Gefahren, die dem Leben drohen, kann dieses Potential zu Handlungen mobilisiert werden, die drastische Änderungen unserer gesellschaftlichen Organisation herbeiführen könnten. Ich mache mir keine Illusionen über die Erfolgsaussichten; aber ich glaube, daß man so lange nicht in Prozentsätzen und Wahrscheinlichkeiten denken kann, wie noch eine reale – wenn auch winzige – Möglichkeit besteht, daß sich das Leben behaupten wird.

Erich Fromm

Vorwort zur Originalausgabe

Dieses Buch ist als Reaktion auf die Lage der USA im Jahre 1968 entstanden. Es entspringt der Überzeugung, daß wir an einem Scheideweg stehen: Der eine Weg führt in eine völlig mechanisierte Gesellschaft, die den Menschen zu einem hilflosen Rädchen in der Maschine macht, und führt vielleicht sogar in die Vernichtung durch einen Atomkrieg; der andere dagegen zu einer Renaissance des Humanismus und der Hoffnung – also zu einer Gesellschaft, welche die Technik in den Dienst des menschlichen Wohlergehens stellt.

Dieses Buch hat die Aufgabe, für alle, die unser Dilemma noch nicht erkannt haben, die strittigen Fragen klar darzustellen, und es ist zugleich ein Aufruf zur Aktion. Es beruht auf der Überzeugung, daß wir die notwendigen neuen Lösungen nicht durch Irrationalität und Haß, sondern mit Hilfe der Vernunft und einer leidenschaftlichen Liebe zum Leben finden können. Es wendet sich an einen breiten Kreis von Lesern, die trotz verschiedener politischer und religiöser Vorstellungen zweierlei gemeinsam haben: die Sorge um das Leben und die Achtung vor der Vernunft und den Realitäten.

Dieses Buch versucht, wie mein gesamtes früheres Werk, zwischen der individuellen und sozialen Wirklichkeit und denjenigen Ideologien zu unterscheiden, die wertvolles Ideengut zur Untermauerung des Status quo mißbrauchen. Für die vielen Mitglieder der jüngeren Generation, die den Wert des traditionellen Denkens gering achten, möchte ich mit Nachdruck auf meine Überzeugung hinweisen, daß selbst die allerradikalste Entwicklung die Kontinuität mit der Vergangenheit wahren muß; daß wir keine Fortschritte machen können, indem wir die besten Leistungen des menschlichen Geistes zum Abfall werfen; und daß es nicht genug ist, jung zu sein!

Da dieses Buch von Themen handelt, mit denen ich mich in den vergangenen vierzig Jahren in verschiedenen Werken beschäftigt habe, war ein Wiederaufgreifen derselben Ideen kaum zu vermeiden. Sie gruppieren sich jetzt um die zentrale Frage nach den Alternativen zur Enthumanisierung. Doch enthält dieses Buch auch viel Neues, das über meine bisherigen Überlegungen hinausgeht.

Da ich für einen großen Leserkreis schreibe, habe ich die Zitate auf ein knappes Mindestmaß beschränkt, jedoch alle Autoren genannt, die beim Schreiben dieses Buches mein Denken beeinflußten. In der Regel nehme ich nicht auf meine früheren Bücher Bezug, die für das hier Behandelte eine direkte Bedeutung haben. Das sind insbesondere: *Die Furcht vor der Freiheit*, Frankfurt 1966; *Psychoanalyse und Ethik*, Konstanz 1954; *Der moderne Mensch und seine Zukunft*, Frankfurt 1960; *Das Menschliche in uns*, Konstanz 1968.

Der allgemeine Ansatz dieses Buches entspricht dem Wesen der hier erörterten zentralen Frage. So sollte es auch sein, aber es wird dem Leser mitunter wohl einige Schwierigkeiten machen. Die Untersuchung muß nämlich zwei Problembereiche zusammenbringen, die häufig getrennt behandelt werden: einerseits die Struktur, die Eigenheiten und die Möglichkeiten des menschlichen Charakters und andererseits die sozialen, politischen und wirtschaftlichen Probleme unserer Zeit. Von Kapitel zu Kapitel steht jeweils etwas anderes im Mittelpunkt, doch geht es immer vor allem darum, die einzelnen Erörterungen zu integrieren und miteinander zu verflechten. Ich tue dies in dem sicheren Glauben, daß eine realistische und erfolgreiche Beschäftigung mit den Problemen der amerikanischen Gesellschaft unserer Tage nur möglich ist, wenn die Analyse unseres sozialen Gesamtsystems auch das mit einschließt, was in diesem Buch das «System Mensch» genannt wird. Ich hoffe, daß meine Leser die Gewohnheiten des Schubfach-Denkens überwinden können und es nicht als zu schwierig empfinden, meine Sprünge von der «Psychologie» zur «Soziologie» und «Politik» und wieder zurück mitzumachen.

Schließlich möchte ich denen meinen Dank aussprechen, die das ganze Manuskript mehrmals gelesen und dazu viele redaktionelle Vorschläge beigetragen haben: Ich danke Ruth Nanda Anshen, meiner Frau und Raymond G. Brown, der mir zudem auf wirtschaftswissenschaftlichem Gebiet wertvolle Anregungen gegeben hat.

I. Der Scheideweg

Ein Gespenst geht um in unserer Mitte, das nur von wenigen klar erkannt wird. Es ist nicht das alte Gespenst des Kommunismus oder des Faschismus. Es ist ein neues Gespenst: die vollkommen mechanisierte Gesellschaft, die sich der maximalen materiellen Produktion und einem maximalen Verbrauch hingibt und von Computern gesteuert wird; und in diesem sozialen Prozeß verwandelt sich der Mensch zu einem Teil der totalen Maschine – er wird zwar gut ernährt und gut unterhalten, aber er ist passiv, unlebendig und beinahe gefühllos. Mit dem Sieg der neuen Gesellschaft werden Individualismus und Privatleben verschwinden; die Gefühle gegenüber anderen werden manipuliert – durch psychologische Konditionierung und andere Maßnahmen oder durch Drogen, die gleichzeitig eine neue Art der introspektiven Erfahrung vermitteln. Mit den Worten von Zbigniew Brzezinski: «In der technetronischen Gesellschaft geht der Trend vermutlich dahin, die individuelle Wähler-Unterstützung von Millionen unkoordinierter Bürger auf sich zu versammeln; denn sie sind leicht durch faszinierende und anziehende Persönlichkeiten zu beeinflussen, die mit Erfolg die neuesten Kommunikationstechniken dazu benutzen, die Gefühle in ihrem Sinne zu steuern und die Vernunft zu kontrollieren.»[1]

Diese neue Gesellschaft ist in Romanform in Orwells *1984* und in Huxleys *Schöner neuer Welt* vorausgesagt worden.

Das Bedrohlichste daran ist vermutlich zur Zeit, daß wir anscheinend die Kontrolle über unser eigenes System verlieren. Wir führen Entscheidungen aus, die unsere Computerberechnungen für uns treffen. Wir als menschliche Wesen haben dagegen kein anderes Ziel, als immer noch mehr zu produzieren und zu verbrauchen. Es gibt nichts, was wir mit Nachdruck wollen, und nichts, was wir nicht wollen. Wir sind zweifach bedroht: von der Vernichtung durch Atomwaffen und von einer inneren Leblosigkeit, einem Passivsein, das daher rührt, daß wir von den verantwortlichen Entscheidungen ausgeschlossen bleiben.

Wie ist das gekommen? Wie wurde der Mensch auf der Höhe seines Siegs über die Natur zum Gefangenen seiner eigenen Schöpfung, und wie geriet er in die ernstliche Gefahr, sich selbst zu vernichten?

Auf der Suche nach wissenschaftlicher Wahrheit erwarb der Mensch Kenntnisse, die er zur Beherrschung der Natur nutzen konnte. Er hatte glänzenden Erfolg. Doch durch die einseitige Betonung der technischen Probleme und des materiellen Verbrauchs verlor er den Kontakt mit sich selbst und dem Leben. Nachdem er den religiösen Glauben und die damit verbundenen humanistischen Werte eingebüßt hatte, konzentrierte er sich auf technische und materielle Werte und verlor dabei die Fähigkeit, tiefe emotionale Erfahrungen zu machen und die Freude und Trauer zu empfinden, die sie gewöhnlich begleiten. Die von ihm erbaute Maschine wurde so mächtig, daß sie sich ihr eigenes Programm entwickelte, und dieses bestimmt nun das Denken des Menschen.

Im Augenblick liegt eines der schwersten Krankheitssymptome unseres Systems darin, daß unsere Wirtschaft ganz auf der Produktion von Waffen (und dazu der Unterhaltung der Verteidigungsorganisation) sowie auf dem Prinzip des maximalen Verbrauchs beruht. Wir besitzen ein gutfunktionierendes Wirtschaftssystem unter der Bedingung, daß wir «Güter» herstellen, die uns mit physischer Vernichtung bedrohen; daß wir den Einzelnen in einen völlig passiven Verbraucher verwandeln und somit abstumpfen; und daß wir eine Bürokratie geschaffen haben, die dem Einzelnen das Gefühl der Ohnmacht gibt.

Stehen wir also einem tragischen, unauflösbaren Dilemma gegenüber? *Müssen wir kranke Menschen «herstellen», um eine gesunde Wirtschaft zu haben, oder können wir unsere materiellen Schätze, unsere Erfindungen, unsere Computer dazu einsetzen, menschlichen Zwekken zu dienen? Müssen die Einzelmenschen passiv und abhängig sein, wenn sie starke und gutfunktionierende Organisationen haben wollen?*

Die Antworten auf diese Fragen fallen unterschiedlich aus. Zum Kreise derer, die erkennen, welch einen revolutionären und drastischen Wandel im menschlichen Leben die «Megamaschine» bewirken könnte, gehören auf der einen Seite Autoren, die diese neue Gesellschaft für unvermeidlich halten und deshalb keinen Grund sehen, über ihre Verdienste zu streiten; zwar betrachten sie die neue Gesellschaft mit Wohlwollen – aber auch mit einem leichten Unbehagen angesichts dessen, was sie dem Menschen, so wie wir ihn kennen, antun könnte. Zbigniew Brzezinski und Herman Kahn sind charakteristische Vertreter dieser Einstellung.

Auf der entgegengesetzten Seite steht zum Beispiel Jacques Ellul; er schildert mit großer Eindringlichkeit die neue Gesellschaft, der wir entgegentreiben, und ihren zerstörerischen Einfluß auf den Menschen. Er sieht das Gespenst in seiner ganzen schrecklichen Unmenschlichkeit. Er kommt nicht zu dem Ergebnis, daß die neue Gesellschaft sich durchsetzen müsse, obwohl er glaubt, daß sie nach Wahrscheinlichkeitsgesichtspunkten gute Aussichten dazu hat. Aber er hält es für möglich, daß die enthumanisierte Gesellschaft nicht zum Durchbruch kommt, «wenn eine zunehmende Anzahl von Menschen sich voll bewußt wird, welche Bedrohung die technische Welt für ihr persönliches und geistiges Leben darstellt; und wenn sie sich entschließen, ihre Freiheit zu gebrauchen, um den Verlauf dieser Entwicklung umzulenken.»[2] Lewis Mumford vertritt eine ähnliche Auffassung wie Ellul. Er beschreibt in seinem tiefgründigen und glänzenden Buch *The myth of the machine*[3], wie sich die «Megamaschine» entwickelt hat, und er findet ihre ersten Ausprägungen bereits in der ägyptischen und der babylonischen Gesellschaft.

Doch im Gegensatz zu denen, die wie die erwähnten Autoren dieses Gespenst mit Wohlwollen oder Schrecken wahrnehmen, steht eine Mehrheit von Menschen, von der Spitze des Establishments bis hinab zum Durchschnittsbürger, die überhaupt kein Gespenst erkennen. Sie hegen den altmodischen Glauben des neunzehnten Jahrhunderts, die Maschine entlaste den Menschen von seinen Mühen und werde ein Mittel zum Zweck bleiben; dabei jedoch übersehen sie die Gefahr, daß die Technik, falls man sie ihrer eigenen Logik folgen läßt, zu einer krebsartigen Wucherung wird, die schließlich das ausgewogene System des individuellen und gesellschaftlichen Lebens bedroht.

In diesem Buch[4] stelle ich mich im Grunde auf denselben Standpunkt wie Mumford und Ellul. Er unterscheidet sich von dem ihren vielleicht insofern, als ich eine etwas größere Möglichkeit sehe, das Gesellschaftssystem wieder unter menschliche Kontrolle zu bringen. Meine Hoffnungen in dieser Hinsicht beruhen auf folgenden Faktoren:

1. Das gegenwärtige Gesellschaftssystem läßt sich um vieles besser verstehen, wenn man das «System Mensch» mit dem ganzen System in Verbindung bringt. Die menschliche Natur ist keine Abstraktion und auch kein unendlich formbares und deshalb für die Entwicklung nebensächliches System. Sie besitzt ihre eigenen, spezifischen Eigenschaften, Gesetze und Alternativen. Die Untersuchung des Systems Mensch kann uns ein Bild davon geben, wie sich bestimmte Faktoren des sozio-ökonomischen Systems auf den Menschen auswirken und wie Störungen im System Mensch das ganze Sozialsystem aus dem Gleichgewicht bringen. Sobald wir den menschlichen Faktor in der Untersuchung des Gesamtsystems mit berücksichtigen, sind wir besser darauf vorbereitet, dessen Funktionsmängel zu verstehen und Normen aufzustellen, die ein gesundes Funktionieren der Wirtschaft des Sozialsystems zum optimalen Wohlergehen der Menschen, die daran teilhaben, in Beziehung setzen. All dies gilt jedoch natürlich nur, wenn wir darin übereinstimmen, daß eine maximale Entwicklung des menschlichen Systems im Sinne seiner eigenen Struktur – das heißt des menschlichen Wohlergehens – das höchste Ziel ist.

2. Die zunehmende Unzufriedenheit mit unserer gegenwärtigen Lebensweise, ihrer Passivität und stummen Langeweile, ihrem Mangel an Privatleben und ihrer Entpersönlichung muß ebenso berücksichtigt werden wie die Sehnsucht nach einem freudigen, sinnvollen Leben, das die spezifischen Bedürfnisse des Menschen erfüllt, die dieser in den letzten paar tausend Jahren seiner Geschichte entwickelt hat und die ihn vom Tier genauso unterscheiden wie vom Computer. Dies ist um so wichtiger, als der wohlhabende Teil der Bevölkerung bereits die völlige materielle Befriedigung genossen und dabei festgestellt hat, daß das Verbraucherparadies nicht die versprochene Glückseligkeit liefert. (Die Armen haben natürlich noch keine Chance gehabt, dies herauszufinden, es sei denn

durch die Beobachtung der Freudlosigkeit jener, die alles haben, «was das Herz begehrt».)

Ideologien und Allgemeinbegriffe haben viel von ihrer Anziehungskraft eingebüßt; traditionelle Klischees wie «rechts» und «links» oder «Kommunismus» und «Kapitalismus» haben ihre Bedeutung verloren. Der Mensch sucht eine neue Orientierung, eine neue Philosophie, die sich nach den Prioritäten des physischen und geistigen Lebens richtet und nicht nach den Prioritäten des Todes.

In den Vereinigten Staaten und der gesamten Welt läßt sich eine wachsende Polarisierung beobachten: Ein Teil der Bevölkerung ist angezogen von Gewalt, von «Ruhe und Ordnung», bürokratischen Methoden und letztlich vom Nicht-Leben; ein anderer Teil sehnt sich zutiefst nach Leben, nach neuen Einstellungen dazu und nicht nach vorgefertigten Programmen und Planzeichnungen. Diese neue Front erstrebt, als Bewegung, einen grundlegenden Wandel unserer Wirtschafts- und Gesellschaftspraxis und verbindet damit eine Änderung unserer seelischen und geistigen Lebenseinstellung. In allgemeinster Form lauten die Ziele: Aktivierung des Individuums, Wiederherstellung der Kontrolle des Menschen über das Sozialsystem und Humanisierung der Technik. Es ist eine Bewegung unter dem Banner des Lebens, und sie besitzt eine außerordentlich breite allgemeine Basis, weil heutzutage die Bedrohung des Lebens nicht mehr die Bedrohung einer Klasse oder einer Nation, sondern eine Bedrohung für alle ist.

Die folgenden Kapitel versuchen, einige der hier umrissenen Probleme im einzelnen zu erörtern, und zwar besonders jene, die mit der Beziehung zwischen der menschlichen Natur und dem sozio-ökonomischen System zu tun haben.

Allerdings muß noch eines vorweg gesagt werden: Hinsichtlich der Möglichkeit, den Kurs, den wir eingeschlagen haben, noch einmal zu ändern, herrscht heute eine weitverbreitete Hoffnungslosigkeit. Diese Hoffnungslosigkeit ist im allgemeinen unbewußt; bewußt Lebende sind «optimistisch» und hoffen auf weiteren «Fortschritt». Die Erörterung der gegenwärtigen Lage und ihres Hoffnungspotentials muß deshalb eingeleitet werden durch eine Untersuchung des Phänomens Hoffnung.

II. Hoffnung

1. Was Hoffnung nicht ist

Die Hoffnung ist ein entscheidender Bestandteil jedes Versuchs, unser Sozialsystem zu verändern und lebendiger, bewußter und vernünftiger zu machen. Doch das Wesen der Hoffnung wird häufig mißverstanden und mit Einstellungen verwechselt, die nichts mit Hoffnung zu tun haben, vielmehr deren genaues Gegenteil sind.

Was heißt hoffen?

Heißt es, wie viele glauben, Begierden und Wünsche haben? Wenn das stimmte, wären alle, die sich mehr und bessere Autos, Häuser und Arbeitserleichterungen wünschen, Menschen der Hoffnung. Aber das sind sie nicht; sie gieren nach mehr Verbrauch und sind keine Menschen der Hoffnung.

Heißt es hoffen, wenn sich die Hoffnung nicht auf etwas Dingliches richtet, sondern auf ein erfüllteres Leben, auf einen Zustand größerer Lebendigkeit, auf Befreiung von der ewigen Langeweile; oder, um einen theologischen Begriff zu verwenden, auf Erlösung; oder, politisch gesprochen, auf Revolution? Tatsächlich könnte diese Art der Erwartung Hoffnung sein; aber sie ist Nicht-Hoffnung, wenn sie die Qualität des Passivseins, des Wartens-auf besitzt – dann wird die Hoffnung zum Deckmantel der Resignation, zu einer puren Ideologie.

Franz Kafka hat solch eine resignierte und passive Hoffnung sehr schön in einer Episode des Romans *Der Prozeß* beschrieben. Ein Mann kommt an die Tür, die in den Himmel (zum Gesetz) führt und bittet den Türhüter um Einlaß. Der Türhüter sagt, er könne ihn im Augenblick nicht hereinlassen. Zwar steht die Tür zum Gesetz offen, aber der Mann beschließt, lieber zu warten, bis er die Erlaubnis zum Eintreten bekommt. Also setzt er sich und wartet tagelang, jahrelang. Er bittet wiederholt, eingelassen zu werden, aber er hört immer aufs neue, er könne noch nicht die Erlaubnis zum Eintritt bekommen. Während all dieser langen Jahre beobachtet der Mann den Türhüter fast unablässig und kennt mit der Zeit sogar die Flöhe auf seinem Pelzkragen. Schließlich ist er alt und dem Tode nahe. Da stellt er zum ersten Mal die Frage: «Wie kommt es, daß in den vielen Jahren niemand außer mir Einlaß verlangt hat?» Der Türhüter antwortet: «Hier konnte niemand sonst Einlaß erhalten, denn dieser Eingang war nur für dich bestimmt. Ich gehe jetzt und schließe ihn.»[1]

Der alte Mann war zu alt, um das zu verstehen, und vielleicht hätte er es auch nicht verstanden, wenn er jünger gewesen wäre. Die Bürokraten behalten das letzte Wort; wenn sie nein sagen, kann er nicht eintreten. Falls er mehr als diese passive, abwartende Hoffnung gehabt hätte, wäre er einfach hineingegangen, und sein Mut, die Bürokraten nicht zu beachten, wäre ein Befreiungsakt gewesen und hätte ihn in den glänzenden Palast gebracht. Viele Menschen sind wie Kafkas alter Mann. Sie hoffen zwar, aber es ist ihnen nicht gegeben, nach dem Antrieb ihres Herzens zu handeln, und solange die Bürokraten ihnen kein grünes Licht geben, warten sie immer weiter.[2]

Diese passive Hoffnung ist eng verwandt mit einer verallgemeinerten Form der Hoffnung, die man als Hoffnung auf die Zeit umschreiben könnte. Die Zeit und die Zukunft werden bei dieser Art der Hoffnung zu zentralen Kategorien erhoben. Man erwartet nicht, daß irgend etwas im *Jetzt* geschieht, sondern nur im nächsten Augenblick, morgen, nächstes Jahr oder sogar in einer anderen Welt, falls der Glaube an eine Verwirklichung der Hoffnung in dieser Welt zu widersinnig wäre. Hinter dieser Vorstellung verbirgt sich die Vergötzung von «Zukunft», «Geschichte» oder «Nachwelt»; sie begann zur Zeit der Französischen Revolution mit Männern wie Robespierre, der die Zukunft als Göttin verehrte: Ich tue nichts, ich bleibe passiv, weil ich ein Nichts und unfähig bin; doch die Zukunft, die Projektion der Zeit, wird das verwirklichen, was ich nicht zustande bringen kann. Eine solche Zukunftsverehrung, die unter einem anderen Aspekt einfach den «Fortschritts»-Kult der modernen Bourgeoisie widerspiegelt, ist genau die Entfremdung der Hoffnung. Statt daß ich etwas tue oder werde, bringen die Abgötter Zukunft und Nachwelt etwas zustande, ohne daß ich einen Finger rühren müßte.[3]

Neben dem passiven Warten, das nur eine Verbrämung für Hoffnungslosigkeit und Ohnmacht ist, findet sich noch eine andere Form von Hoffnungslosigkeit und Verzweiflung, die genau die entgegengesetzte Maske wählt: Sie versteckt sich hinter Großsprecherei und Abenteuerlust, sieht über die Realitäten hinweg und versucht zu erzwingen, was sich nicht erzwingen läßt. Dies war die Haltung der falschen Erlöser und der Putschisten, wenn sie jeden verachteten, der nicht unter allen Umständen den Tod einer Niederlage vorzog. In unseren Tagen ist diese schein-radikale Verbrämung der Hoffnungslosigkeit und des Nihilismus gar nicht selten unter den engagiertesten Mitgliedern der jüngeren Generation anzutreffen. Durch ihre Unerschrockenheit und Hingabe gewinnen sie die Sympathien, aber sie verlieren alle Überzeugungskraft, da es ihnen an Realismus und strategischem Denken mangelt und einigen sogar die Liebe zum Leben fehlt.[4]

2. Die Paradoxie und das Wesen der Hoffnung

Hoffnung ist *paradox*. Sie ist weder ein passives Warten noch ein unrealistisches Erzwingen von Umständen, die nicht eintreten können. Sie gleicht einem kauernden Tiger, der erst dann losspringt, wenn der Augenblick zum Sprung gekommen ist. Weder ein müdes Reformertum noch schein-radikale Abenteuerlust dürfen als Ausdruck von Hoffnung gelten. Hoffen heißt, in jedem Augenblick für das bereit zu sein, was noch nicht geboren ist – und trotzdem nicht zu verzweifeln, wenn es in unserer Lebensspanne zu gar keiner Geburt kommt. Es ist sinnlos, auf etwas zu hoffen, das es bereits gibt oder das es nie geben kann. Der, dessen Hoffnung schwach ist, läßt sich selbst zur Bequemlichkeit oder zur Gewalttat herunterkommen; der, dessen Hoffnung stark ist, erkennt und begrüßt alle Anzeichen eines neuen Lebens und ist jederzeit gerüstet, dem zur Geburt zu verhelfen, was zum Geborenwerden bereit ist.

Einer der wichtigsten Gründe für den Wirrwarr um den Begriff der Hoffnung liegt darin, daß man die bewußte nicht von der unbewußten Hoffnung zu unterscheiden weiß. Dies ist freilich ein Versagen, das auch bei vielen anderen emotionalen Erfahrungen wie Glück, Angst, Depression, Langeweile und Haß mitspielt. Verblüffenderweise wird nämlich trotz der Verbreitung der Freudschen Theorien seine Vorstellung des Unbewußten nur selten auf derartige emotionale Erscheinungen angewandt. Es gibt vermutlich zwei Hauptgründe für diese Tatsache. Erstens erstreckt sich in den Schriften einiger Psychoanalytiker und «Philosophen der Psychoanalyse» das gesamte Phänomen des Unbewußten – und das heißt: der Repression – allein auf die sexuellen Begierden; sie benutzen also das Wort Repression fälschlich als Synonym für *Unterdrückung* von sexuellen Wünschen und Handlungen und nehmen damit den Entdeckungen Freuds einige ihrer bedeutsamsten Konsequenzen. Der zweite Grund ist wohl darin zu sehen, daß es die nachviktorianischen Generationen weit weniger beunruhigt, sich zurückgedrängte sexuelle Begierden bewußt zu machen, als Erfahrungen wie Entfremdung, Hoffnungslosigkeit oder Habgier. Um nur eines der offensichtlichsten Beispiele anzuführen: Die meisten Menschen gestehen sich selbst nicht ein, daß sie Furcht, Langeweile, Einsamkeit oder Hoffnungslosigkeit empfinden; diese Gefühle bleiben ihnen unbewußt.[5] Das hat einen guten Grund: Nach unseren sozialen Verhaltensmustern erwartet man, daß ein erfolgreicher Mensch sich nicht fürchtet oder langweilt oder einsam ist. Er muß diese Welt als die beste aller Welten betrachten; und um die besten Aufstiegschancen zu haben, muß er Furcht und Zweifel, Depressionen, Langeweile und Hoffnungslosigkeit in sich zurückdrängen.

Viele Menschen fühlen sich bewußt hoffnungsvoll und unbewußt hoffnungslos, und es gibt einige wenige, für die das Umgekehrte gilt. Bei der Untersuchung der Hoffnung und der Hoffnungslosigkeit kommt es jedoch auf etwas anderes an: nicht darauf, was die Menschen über ihre Gefühle *denken*, sondern, was sie wirklich empfinden. Dies läßt sich am schlechtesten aus ihren Worten und Sätzen entnehmen; viel eher schon aus ihrem Gesichtsausdruck, ihrer Art zu gehen, ihrer Fähigkeit, mit Interesse auf etwas zu reagieren, das ihnen vor Augen kommt, oder aus ihrem Mangel an Fanatismus, der sich darin zeigt, daß sie einem vernünftigen Argument zuhören können.

Der dynamische Gesichtspunkt, unter dem in diesem Buch die sozialpsychologischen Phänomene betrachtet werden, unterscheidet sich grundlegend vom deskriptiven, behaviouristischen Ansatz der meisten sozialwissenschaftlichen Untersuchungen. Vom dynamischen Standpunkt aus sind wir nicht in erster Linie daran interessiert, was ein Mensch *jetzt* denkt oder sagt oder wie er sich verhält. Wir interessieren uns vielmehr für seine Charakterstruktur, das heißt für die ziemlich beständige Anordnung seiner Kräfte, für die Richtungen, in die sie gelenkt werden, und für die Intensität, mit der sie fließen. Wenn wir die Triebkräfte kennen, die das Verhalten motivieren, verstehen wir nicht nur sein gegenwärtiges Verhalten, sondern können auch sinnvolle Vermutungen darüber anstellen, wie sich ein Mensch voraussichtlich unter anderen Umständen verhalten wird. Unter dem dynamischen Gesichtspunkt können viele überraschende «Wandlungen» im Denken oder Verhalten eines Menschen vorausgesehen werden, falls die Kenntnis seiner Charakterstruktur gegeben ist. Es ließe sich noch mehr darüber sagen, was Hoffnung alles *nicht* ist, aber wir wollen weitergehen zu der Frage, was Hoffnung ist. Läßt sie sich überhaupt mit Worten beschreiben, oder kann sie nur in einem Gedicht, einem Lied, einer Geste, einem Mienenspiel oder einer Tat mitgeteilt werden?

Wie bei allen anderen menschlichen Erfahrungen reichen auch hier die Worte zur Beschreibung nicht aus. Tatsächlich bewirken Worte in den meisten Fällen das Gegenteil: sie verdunkeln die Erfahrung oder zergliedern und töten sie. Nur zu oft verliert man beim Reden über Liebe, Haß oder Hoffnung den Kontakt mit dem, wovon man angeblich redet. Die Poesie, die Musik und andere Kunstformen sind als Medien zur Beschreibung menschlicher Erfahrung weitaus am besten geeignet, weil sie genau sind und jene Unschärfe abgegriffener Münzen vermeiden, die gewöhnlich als angemessene Abbilder menschlicher Erfahrung hingenommen werden.

Doch selbst wenn man diese Einschränkungen ernst nimmt, ist es nicht unmöglich, die Erfahrung des Fühlens in Worte zu fassen, die nicht der Poesie angehören. Dies kann deshalb geschehen, weil andere Menschen die Erfahrungen, von denen man redet, zumindest in gewissem Grade selbst gemacht haben. Eine Beschreibung muß also auf die verschiedenen Aspekte dieser Erfahrungen hinweisen und so eine Verbindung zwischen Autor und Leser schaffen, in der beide wissen, daß sie es mit derselben Sache zu tun haben. Da ich diesen Versuch nun unternehme, muß ich meine Leser bitten, mit mir zusammenzuarbeiten und nicht von mir zu erwarten, daß ich ihnen eine Definition der Hoffnung gebe. Ich muß sie vielmehr bitten, ihre eigenen Erfahrungen zu mobilisieren, damit unser Gespräch zustande kommt.

Hoffen ist ein Seinszustand. Es ist eine innere Bereitschaft, ein intensives, aber noch nicht verausgabtes Aktivsein.[6] Unsere Vorstellung von «Aktivität» beruht dagegen auf einer der am weitesten verbreiteten Selbsttäuschungen des Menschen in der modernen Industriegesellschaft. Unsere gesamte Kultur ist nämlich auf Aktivität im Sinne von Geschäftigsein abgestimmt und auf Geschäftigsein im Sinne von Geschäftigkeit (geschäftig, um geschäftlichen Erfolg zu haben). Tatsächlich sind die meisten Menschen so «aktiv», daß sie es nicht ertragen können, gar nichts zu tun; sogar ihre sogenannte Freizeit verwandeln sie in eine andere Form von Aktivität. Falls sie nicht aktiv mit Geldverdienen beschäftigt sind, fahren sie aktiv in der Gegend herum, spielen Golf oder plaudern über Nichtigkeiten. Gefürchtet wird jedoch der Augenblick, in dem man wirklich «nichts zu tun» hat. Ob dieses Verhalten Aktivität genannt werden darf, ist eine terminologische Frage. Bedenklich ist jedoch, daß sich die meisten Menschen, die sich selbst für sehr aktiv halten, nicht über die Tatsache klarwerden, wie außerordentlich passiv sie bei all dieser Geschäftigkeit bleiben. Sie brauchen ständig einen Anstoß von außen: das Reden anderer Menschen, den Anblick von Filmen, das Reisen und andere Formen von aufregenden Vergnügungen oder auch nur einen neuen Mann oder eine neue Frau als sexuellen Partner. Sie benötigen einen Souffleur und müssen «angeschaltet», verlockt, in Versuchung geführt werden. Sie rennen ununterbrochen und stehen nie still. Sie stürzen sich immer kopfüber in irgend etwas und tauchen nie auf. Vor allem aber halten sie sich selbst für ungeheuer aktiv, während sie nur von der Zwangsvorstellung getrieben sind, etwas tun zu müssen, um dadurch der Angst zu entkommen, die aufbricht, sobald sie sich gegenüberstehen.

Hoffnung ist eine psychische Begleiterscheinung alles Lebens und Wachsens. Wenn ein Baum, der keine Sonne bekommt, seinen Stamm der Sonne zudreht, können wir nicht sagen, daß der Baum genauso «hoffe» wie ein Mensch; denn die Hoffnung im Menschen ist mit Gefühlen und einem Bewußtsein verbunden, die der Baum wohl nicht hat. Und doch wäre es nicht falsch, zu sagen, der Baum hoffe auf Sonne und drücke diese Hoffnung aus, indem er ihr seinen Stamm zudrehe. Ist es denn anders mit dem Kind bei der Geburt? Es nimmt vielleicht nichts wahr, aber seine Aktivität ist Ausdruck seiner Hoffnung auf das Geborenwerden und das unabhängige Atmenkönnen. Hofft der Säugling etwa nicht auf die Mutterbrust? Hofft das Kleinkind nicht, aufrecht zu stehen und zu laufen? Hofft der Kranke nicht, gesund, der Gefangene nicht, frei, der Hungrige nicht, satt zu werden? Hoffen wir nicht, zu einem neuen Tag zu erwachen, wenn wir abends einschlafen? Hofft beim Liebesakt nicht der Mann auf seine Potenz und seine Fähigkeit, die Partnerin zu erregen, und hofft nicht die Frau, auf ihn eingehen und ihn ihrerseits erregen zu können?

3. Glaube

Wo die Hoffnung aufhört, ist das Leben zu Ende – tatsächlich oder als Möglichkeit. Hoffnung ist ein wesentliches Element in der Struktur des Lebens und der Dynamik des menschlichen Geistes. Und sie ist eng verkettet mit einem anderen Element der Lebensstruktur, dem *Glauben*. Der Glaube ist nicht etwa eine schwache Form des Vermutens oder Wissens; er ist kein Glauben an dies oder das; Glaube ist das Überzeugtsein vom noch nicht Erwiesenen, die Erkenntnis der realen Möglichkeit, das Bewußtsein für jede Trächtigkeit. Glaube ist vernünftig, wenn er auf die Erkenntnis des Wirklichen, aber vielleicht noch nicht Geborenen abzielt; und er beruht auf einer Erkenntnis- und Verständnisfähigkeit, die unter die Oberfläche dringt und den Kern sieht. Glaube ist, wie Hoffnung, keine Voraussage der *Zukunft*; aber er erblickt im *Gegenwärtigen* den Zustand der Trächtigkeit.

Die Behauptung, daß Glaube Gewißheit sei, bedarf einer Einschränkung. Er ist Gewißheit hinsichtlich der Realität des Möglichen, aber nicht Gewißheit im Sinne einer unzweifelhaften Voraussagbarkeit. Das Kind kommt vielleicht zu früh, als Totgeburt auf die Welt; es kann während der Geburt sterben oder in den ersten zwei Wochen danach. Dies ist die Paradoxie des Glaubens: *Er ist die Gewißheit des Ungewissen.*[7] Er ist Gewißheit im Rahmen des menschlichen Vorstellungs- und Begriffsvermögens, aber nicht im Rahmen der realen Endergebnisse. Wir brauchen keinen Glauben an das, was sich wissenschaftlich voraussagen läßt, und Glaube an das Unmögliche ist ein Widersinn. Der Glaube beruht auf unserer Erfahrung des Lebens und des Sich-Wandelns. Ein Glaube, den andere ändern können, ist die Frucht einer Erfahrung, die ich selbst ändern kann.[8]

Es besteht ein wesentlicher Unterschied zwischen dem rationalen und dem irrationalen Glauben.[9] Während der rationale Glaube dem eigenen inneren Aktivsein im Denken und Fühlen entspringt, ist der irrationale Glaube eine Unterwerfung unter etwas Gegebenes, das man ohne Rücksicht auf seine Wahrheit oder Falschheit als wahr anerkennt. Im Grunde hat jeder irrationale Glaube passiven Charakter, und zwar gleichgültig, ob sein Objekt ein Götzenbild, ein Führer oder eine Ideologie ist. Sogar der Wissenschaftler muß sich von seinem irrationalen Glauben an traditionelle Ideen befreien, um rational an die Kraft seines schöpferischen Denkens glauben zu können. Sobald seine Entdeckung «bewiesen» ist, braucht er den Glauben nicht mehr – höchstens wieder für den nächsten Schritt, den er erwägt. Wenn man im Bereich zwischenmenschlicher Beziehungen «an einen Menschen glaubt», bedeutet dies, daß man sich seines *Kernes* sicher ist – das heißt der Verläßlichkeit und Unveränderbarkeit seiner Grundeinstellungen. Im selben Sinne können wir auch einen Glauben an uns selbst haben – nicht an die Beständigkeit unserer

Meinungen, aber an unsere prinzipielle Einstellung zum Leben, an die Grundsubstanz unserer Charakterstruktur. Solch ein Glaube ist durch die Erfahrung unseres Selbst, durch unsere Fähigkeit, mit Recht «ich» zu sagen, und durch unseren Sinn für die eigene Identität bestimmt.

Hoffnung ist das Gefühl, das den Glauben begleitet. Glaube läßt sich ohne das Gefühl der Hoffnung nicht aufrechterhalten. Hoffnung kann keine andere Grundlage haben als den Glauben.

4. Seelenstärke

Noch ein weiteres Element ist in der Struktur des Lebens mit der Hoffnung und dem Glauben verkettet: die Tapferkeit oder, mit einem Ausdruck Spinozas, die Seelenstärke (*fortitudo*). Dies ist wahrscheinlich der eindeutigere Ausdruck, denn heutzutage versteht man unter Tapferkeit weit häufiger die Tapferkeit zu sterben als die Tapferkeit zu leben. Seelenstärke hingegen ist die Fähigkeit, der Versuchung eines Kompromisses standzuhalten, durch den die Hoffnung und der Glaube in einen leeren Optimismus oder irrationalen Glauben verwandelt und damit zerstört würden. Seelenstärke ermöglicht es, nein zu sagen, wo die Welt Ja erwartet.

Aber die Seelenstärke ist noch nicht voll begriffen, solange wir nicht einen anderen Aspekt von ihr erwähnen: die Furchtlosigkeit. Der furchtlose Mensch hat keine Angst vor Drohungen, ja nicht einmal vor dem Tode. Allerdings bezeichnet – wie so oft – das Wort «furchtlos» mehrere vollkommen verschiedene Haltungen. Ich nenne nur die drei wichtigsten:

Erstens kann ein Mensch furchtlos sein, weil ihm nichts am Leben liegt; das Leben ist kein großer Wert für ihn, deshalb verhält er sich furchtlos angesichts des Sterbens; Angst vor dem Tod hat er nicht, aber Angst vor dem Leben. Seine Furchtlosigkeit entspringt aus seiner fehlenden Liebe zum Leben; er ist gewöhnlich überhaupt nicht furchtlos, solange er nicht sein Leben aufs Spiel setzen kann. Häufig sucht er geradezu nach gefährlichen Situationen, um seiner Furcht vor dem Leben, vor sich selbst und vor den Menschen zu entkommen.

Eine zweite Art der Furchtlosigkeit ist bei Menschen anzutreffen, die in symbiotischer Unterwerfung unter einem Abgott leben – sei dies nun eine Person, eine Institution oder eine Idee. Die Befehle des Abgotts sind dann heilig; sie sind weit zwingender als die Überlebensbefehle des eigenen Körpers. Wenn solch ein Mensch die Befehle seines Abgotts mißachten oder anzweifeln könnte, liefe er Gefahr, seine Identität mit dem Abgott zu verlieren; das heißt, er würde das Risiko eingehen, sich selbst völlig allein und damit am Rande des Irrsinns zu finden. Er ist zum Sterben bereit, weil er Angst hat, sich dieser Gefahr auszusetzen.

Die dritte Art der Furchtlosigkeit findet man bei voll entwickelten Menschen, die in sich selbst ruhen und das Leben lieben. Wer die Habgier überwunden hat, klammert sich weder an einen Abgott noch an sonst irgend etwas und hat deshalb nichts zu verlieren: er ist reich, weil er leer, und stark, weil er nicht mehr Sklave seiner Begierden ist. Er kann auf Abgötter und irrationale Begierden oder Wunschvorstellungen verzichten, weil er in vollkommenem Kontakt mit der Wirklichkeit innerhalb und außerhalb seiner selbst steht. Wenn solch ein Mensch volle «Erleuchtung» erreicht hat, ist er absolut furchtlos. Nur solange er sich auf dieses Ziel hinbewegt, kann seine Furchtlosigkeit noch nicht vollkommen sein. Aber wer versucht, den Zustand des völligen Selbstseins zu erreichen, weiß, daß mit jedem neuen Schritt zur Furchtlosigkeit ein Gefühl der Kraft und Freude erweckt wird, das unverkennbar ist. Er fühlt sich so, als ob ein neuer Lebensabschnitt begonnen hätte. Und er empfindet die Wahrheit von Goethes Zeilen: «Nun hab ich mein Sach auf Nichts gestellt . . . Und mein gehört die ganze Welt.»[10]

Hoffnung und Glaube als Wesenseigenschaften des *Lebens* drängen ihrer Natur nach über den individuellen und sozialen Status quo hinaus. Es gehört zu den Eigenschaften jeglichen Lebens, daß es in ständiger Wandlung begriffen ist und sich keinen Augenblick gleichbleibt.[11] Leben, das stillsteht, beginnt zu sterben; wenn der Stillstand vollkommen ist, ist der Tod eingetreten. Folglich neigt das Leben in seiner Eigenschaft als Bewegung dazu, aus dem Status quo auszubrechen und ihn zu überwinden. Wir werden entweder stärker oder schwächer, weiser oder närrischer, mutiger oder feiger. Jeder Augenblick fordert eine Entscheidung – zum Besseren oder zum Schlechteren. Wir päppeln unsere Trägheit, Habgier und unseren Haß, oder wir hungern sie aus. Je mehr wir sie päppeln, um so stärker werden sie; je mehr wir sie aushungern, um so schwächer.

Was für den Einzelnen wahr ist, gilt auch für die Gesellschaft. Sie ist niemals statisch; wenn sie nicht wächst, verfällt sie; wenn sie den Status quo nicht zum Besseren hin überschreitet, verändert sie sich zum Schlechteren. Zwar hegen wir, als Einzelne oder als Mitglieder der Gesellschaft, häufig die Illusion, wir könnten einfach stehenbleiben, ohne die jeweilige Situation in der einen oder anderen Richtung zu ändern. Aber dies ist eine der allergefährlichsten Selbsttäuschungen. Sobald wir stillstehen, beginnen wir zu verwesen.

5. Auferstehung

Unsere Vorstellung eines persönlichen oder sozialen Wandels gestattet, ja zwingt uns sogar, den Sinn der Auferstehung ohne jeden Bezug auf ihre theologischen Folgerungen im Christentum neu zu umreißen. In dieser neuen Bedeutung heißt Auferstehung (ihr christlicher Sinn wäre einer der denkbaren symbolischen Ausdrücke dafür) nicht Schöpfung einer *anderen Realität* nach der Wirklichkeit *dieses* Lebens, sondern Verwandlung *dieser* Realität in Richtung auf eine größere Lebendigkeit. Der Mensch und die Gesellschaft erfahren Auferstehung in jedem Akt der Hoffnung auf und des Glaubens an das Hier und Jetzt; jeder Akt der Liebe, der Erkenntnis oder des Mitleids ist Auferstehung; jeder Akt der Trägheit, Habgier oder Selbstsucht ist Tod. Unsere Existenz stellt uns in jedem Augenblick der Alternative zwischen Auferstehung und Tod gegenüber; und jeden Augenblick geben wir eine Antwort darauf. Diese Antwort liegt nicht in dem, was wir sagen oder denken, sondern in dem, was wir sind, wie wir handeln und in welcher Richtung wir uns bewegen.

6. Messianische Hoffnung

Glaube und Hoffnung und Auferstehung in dieser Welt haben in den messianischen Visionen der Propheten ihren klassischen Ausdruck gefunden. Die Propheten sagen nicht die *Zukunft* voraus, wie etwa Kassandra oder der Chor der griechischen Tragödie; sie sehen die *gegenwärtige Realität* ohne die Scheuklappen der öffentlichen Meinung oder irgendeiner Autorität. Sie wären lieber keine Propheten, aber sie fühlen sich gezwungen, der Stimme ihres Gewissens, ihrem «Mitwissen» Ausdruck zu verleihen und zu sagen, welche Möglichkeiten sie erblicken, um den Menschen die Alternativen zu zeigen und sie zu warnen. Dies ist das einzige, was sie wollen. Es bleibt dann den anderen Menschen überlassen, diese Warnungen ernst zu nehmen und ihr Leben zu ändern oder sich dafür taub und blind zu stellen und zu leiden. Prophetische Sprache ist immer die Sprache der Alternativen, des Zur-Wahl-Stellens, der Freiheit; sie ist niemals deterministisch, weder zum Besseren noch zum Schlechteren. Die kürzeste Kennzeichnung des prophetischen Alternativdenkens gibt der 19. Vers aus 5. Mose, 30: «Ich habe euch Leben und Tod, Segen und Fluch vorgelegt, daß du das Leben erwählst und du und dein Same leben möget.»[12]

In den prophetischen Schriften beruhte die messianische Erwartung auf der «Spannung zwischen dem, was ist, und dem, was sein soll, zwischen dem, was dem Menschen gegeben, und dem, was ihm verkündet ist.»[13] In der nachprophetischen Zeit machte dann die messianische Erwartung einen Bedeutungswandel durch; er beginnt im Buch Daniel um 164 v. Chr. und in den Pseudo-Epigraphen, die nicht in den Kanon des Alten Testaments aufgenommen wurden. Diese Schriften zeigen eine «vertikale» Vorstellung der Erlösung im Gegensatz zu der «horizontalen»[14] Geschichtsvorstellung der Propheten. Der Nachdruck liegt jetzt auf einer Sinnesänderung des Einzelnen und vor allem auf einer endzeitlichen Geschichtskatastrophe, die mit einer letzten Sintflut hereinbricht. Diese apokalyptische Vision bietet keine Alternativen, sondern eine Voraussage; also nicht Freiheit, sondern Determinismus.

In der späteren talmudischen und rabbinischen Überlieferung behielt das ursprüngliche prophetische Alternativ-Denken die Oberhand. Das frühe christliche Denken war dagegen stärker von der apokalyptischen Form des messianischen Denkens beeinflußt, auch wenn sich die Kirche als Institution paradoxerweise gewöhnlich auf eine Position des passiven Wartens zurückzog. Dennoch blieb das prophetische Denken in der Vorstellung einer «Zweiten Wiederkunft» lebendig, und die prophetische Deutung des christlichen Glaubens hat immer wieder in revolutionären und «häretischen» Sekten ihren Ausdruck gefunden; heute zeigen die radikalen Flügel in der katholischen und in den nichtkatholischen Kirchen eine deutliche Rückkehr zum prophetischen Prinzip, seinem Alternativdenken und seiner Überzeugung, daß die geistlichen Ziele sich auch im politischen und sozialen Bereich auswirken müssen. Außerhalb der Kirche war der ursprüngliche Sozialismus von Marx die bedeutsamste Ausprägung des messianischen Gedankens in einer säkularisierten Sprache, wurde dann allerdings durch die kommunistische Verzerrung von Marx korrumpiert und zerstört. In den letzten Jahren ist das messianische Element im Marxismus bei einer Anzahl von sozialistischen Humanisten in Jugoslawien, Polen, der Tschechoslowakei und Ungarn wieder zu Worte gekommen. Marxisten und Christen führen einen weltweiten Dialog, der seinen Grund in der gemeinsamen messianischen Erbschaft findet.[15]

7. Die zunichte gemachte Hoffnung

Wenn Hoffnung, Glaube und Seelenstärke Begleiterscheinungen des Lebens sind, wie kommt es dann, daß sehr viele Menschen ihre Hoffnung, ihren Glauben sowie ihre Seelenstärke verlieren und an deren Stelle ihre Knechtschaft und Abhängigkeit lieben? Nun, genau diese Möglichkeit des Verlusts ist charakteristisch für die menschliche Existenz. Zu Anfang haben wir alle Hoffnung, Glauben und Seelenstärke: Sie sind die unbewußten, nicht-gedanklichen Eigenschaften des Spermas, der Eizelle und ihrer Vereinigung, des Wachstums, das der Fötus mitmacht, und seiner Geburt. Doch sobald das Leben beginnt, beginnen die Wechselfälle der Umwelt und des Schicksals, das Hoffnungspotential zu fördern oder zu blockieren.

Die meisten von uns hofften, geliebt zu werden – nicht nur gehätschelt und gefüttert, sondern verstanden, umsorgt, respektiert zu werden. Die meisten von uns hofften, vertrauen zu können. Als wir klein waren, wußten wir noch nichts von der menschlichen Erfindung des Lügens –

des Lügens mit Worten genauso wie des Lügens mit der Stimme, einer Geste, den Augen, dem Gesichtsausdruck. Wie sollte das Kind auch vorbereitet sein auf diese spezifische menschliche Raffinesse – die Lüge? Die meisten von uns werden mehr oder weniger unsanft darauf gestoßen, daß die Menschen häufig nicht meinen, was sie sagen, oder das Gegenteil dessen sagen, was sie meinen. Und zwar nicht nur «die Menschen», sondern gerade die, denen wir am stärksten vertrauten – unsere Eltern, Lehrer oder Führer.

Nur wenige Menschen entgehen dem Schicksal, an irgendeinem Punkt ihrer Entwicklung ihre Hoffnungen enttäuscht und mitunter völlig zunichte gemacht zu sehen. Vielleicht ist das gut so. Wenn der Mensch die Enttäuschung seiner Hoffnung nicht erfahren würde, wie sollte dann seine Hoffnung stark und unstillbar werden? Wie könnte er vermeiden, ein optimistischer Träumer zu sein? Andererseits wird die Hoffnung oft so gründlich zunichte gemacht, daß der Betroffene sich vielleicht nie wieder davon erholt.

Wie die Antworten und Reaktionen auf ein Zunichtemachen der Hoffnungen ausfallen, das hängt von vielerlei Umständen ab – von historischen, persönlichen, psychologischen und konstitutionellen. Viele Menschen – vermutlich die Mehrheit – reagieren auf eine Enttäuschung ihrer Hoffnungen, indem sie sich jenen durchschnittlichen Optimismus zu eigen machen, der auf das Beste hofft, ohne sich mit der Erkenntnis aufzuhalten, daß nicht nur das Gute, sondern tatsächlich vielleicht das Schlimmste geschehen kann. Solange alle anderen vor sich hinpfeifen, pfeifen solche Menschen ebenfalls; statt ihre Hoffnungslosigkeit zu spüren, scheinen sie an einer Art Pop-Konzert teilzunehmen. Sie schrauben ihre Ansprüche auf das zurück, was sie bekommen können, und träumen nicht einmal von dem, was außerhalb ihrer Reichweite zu liegen scheint. Sie sind gutangepaßte Herdentiere und fühlen sich nie hoffnungslos, weil sich anscheinend auch sonst niemand so fühlt. Sie zeigen jenen eigentümlichen, resignierten Optimismus, den wir bei sehr vielen Menschen der heutigen westlichen Gesellschaft antreffen; der Optimismus ist gewöhnlich bewußt und die Resignation unbewußt.

Eine andere Folgeerscheinung zunichte gemachter Hoffnung ist die Verhärtung des Herzens. Viele Menschen – vom jugendlichen Kriminellen bis zum hartgesottenen, aber erfolgreichen Erwachsenen – können es an einem bestimmten Punkt in ihrem Leben, vielleicht mit fünf, mit zwölf oder mit zwanzig Jahren, einfach nicht mehr ertragen, daß ihnen weiter Schmerz zugefügt wird. Manche entscheiden sich wie bei einer plötzlichen Vision oder Bekehrung, daß sie jetzt genug haben und künftig überhaupt nichts mehr empfinden wollen; daß niemand sie je wieder werde verletzen können, aber daß sie selbst imstande sein möchten, anderen weh zu tun. Sie klagen vielleicht über ihr Unglück, keine Freunde zu finden und niemanden, der sie liebt; aber dies ist nicht ihr Unglück, sondern ihr Schicksal. Sie haben Mitleid und Einfühlungsvermögen abgeworfen, berühren deshalb niemanden und sind selbst unberührbar. Ihr Triumph im Leben heißt, niemanden zu brauchen. Sie sind stolz auf ihre Unberührbarkeit und freuen sich, Schmerzen zufügen zu können. Ob dies dann auf kriminelle oder sanktionierte Weise geschieht, hängt weit mehr von sozialen als von psychologischen Faktoren ab. Die meisten von ihnen bleiben eingefroren und deshalb unglücklich bis an ihr Lebensende. Mitunter geschieht aber auch ein Wunder, und sie beginnen aufzutauen. Vielleicht einfach, weil sie einen Menschen treffen, an dessen Sorgen oder Interessen sie glauben – und schon eröffnen sich neue Dimensionen des Fühlens. Wenn sie Glück haben, tauen sie völlig auf; dann können die Samen der Hoffnung, die völlig zerstört schienen, doch noch zu sprießen beginnen.

Ein weiteres und drastischeres Ergebnis zunichte gemachter Hoffnungen sind Zerstörungssucht und Gewalttätigkeit. Gerade weil der Mensch nicht ohne Hoffnung leben kann, haßt der, dessen Hoffnung völlig zerstört wurde, das Leben. Da er Leben nicht selbst erschaffen kann, will er es zerstören – dies ist als Wunder nur um weniges kleiner und wesentlich leichter zu bewerkstelligen. Er will für sein ungelebtes Leben Rache nehmen und tut dies, indem er sich der totalen Zerstörungssucht hingibt, bis es schließlich kaum noch etwas ausmacht, ob er andere vernichtet oder selbst vernichtet wird.[16].

Eine solche destruktive Reaktion auf zunichte gemachte Hoffnungen ist gewöhnlich bei Menschen anzutreffen, die aus sozialen oder wirtschaftlichen Gründen von den Bequemlichkeiten der Mehrheit ausgeschlossen bleiben und sozial oder wirtschaftlich kein erreichbares Ziel besitzen. Doch führt nicht etwa in erster Linie die wirtschaftliche Frustration zu Haß und Gewalttat; die Hoffnungslosigkeit der allgemeinen Lage, die immer aufs neue gebrochenen Versprechen tragen genauso viel zu Gewalttätigkeit und Zerstörungssucht bei. Offensichtlich sind Menschengruppen, die so stark benachteiligt und so schlecht behandelt werden, daß sie nicht einmal hoffnungslos werden können, weil sie überhaupt kein Wunschbild von Hoffnung haben, weniger gewalttätig als jene, die einen Hoffnungsschimmer erblicken und gleichzeitig erkennen, daß die Umstände eine Verwirklichung ihrer Hoffnungen unmöglich machen. Psychologisch gesprochen ist die Zerstörungssucht die Alternative zur Hoffnung, genau wie die Todessehnsucht die Alternative der Lebenslust ist oder die Freude die Alternative zur Langeweile.

Nicht nur der Einzelne lebt von der Hoffnung. Auch Nationen und gesellschaftliche Klassen leben von Hoffnung, Glauben und Seelenstärke, und wenn sie dieses Potential verlieren, verschwinden sie – entweder aus Mangel an Lebenskraft oder auf Grund der irrationalen Zerstörungssucht, die sie entwickeln.

Beachtung verdient schließlich die Tatsache, daß die Entwicklung des

Einzelnen zur Hoffnung oder Hoffnungslosigkeit in starkem Maße durch das Vorherrschen von Hoffnung oder Hoffnungslosigkeit in seiner Gesellschaft oder Klasse bestimmt wird. Denn wie heftig auch die Hoffnung eines Einzelnen in seiner Kindheit erschüttert wurde – wenn er in einer Periode der Hoffnung und des Glaubens lebt, wird seine eigene Hoffnung davon angefacht werden; andererseits neigt ein Mensch, den seine persönlichen Erfahrungen hoffnungsvoll gemacht haben, zu Depressionen und Hoffnungslosigkeit, wenn seine Gesellschaft oder Klasse den Geist der Hoffnung verloren hat.

Heute ist in der westlichen Welt die Hoffnung in schnellem Schwinden begriffen, und zwar seit dem Beginn des Ersten Weltkriegs in steigendem Maße, und speziell in Amerika bereits seit der Niederlage der Antiimperialistischen Liga am Ende des vorigen Jahrhunderts. Wie bereits erwähnt, gibt diese Hoffnungslosigkeit sich als Optimismus und bei einigen wenigen auch als revolutionärer Nihilismus aus. Doch was ein Mensch selbst von sich hält, hat wenig Bedeutung im Vergleich mit dem, was er ist und was er tatsächlich empfindet; und die meisten von uns sind sich nicht bewußt, was sie empfinden.

Zeichen der Hoffnungslosigkeit sind überall anzutreffen. Nehmen wir nur den gelangweilten Gesichtsausdruck des Durchschnittsmenschen oder den Mangel an zwischenmenschlichen Kontakten – selbst wenn Einzelne verzweifelt «Kontakt suchen». Oder die Unfähigkeit, ernstlich etwas gegen die ständig zunehmende Vergiftung von Wasser und Luft zu unternehmen oder gegen die vorhersehbare Hungersnot in den ärmeren Ländern; ganz zu schweigen von der Unfähigkeit, uns selbst von den Atomwaffen und ihrer täglichen Bedrohung unseres Lebens und all unserer Pläne zu befreien. Was wir auch immer über die Hoffnung sagen oder denken mögen: Unsere Unfähigkeit, handelnd und planend für das Leben einzutreten, verrät unsere Hoffnungslosigkeit.

Man weiß ein wenig über die Gründe dieser zunehmenden Hoffnungslosigkeit. Vor 1914 glaubten die meisten Menschen, die Welt sei ein sicherer Ort und Kriege mit ihrer völligen Mißachtung des menschlichen Lebens seien eine Sache der Vergangenheit. Trotzdem fand der Erste Weltkrieg statt, und jede Regierung log über ihre wahren Beweggründe. Dann folgte der Spanische Bürgerkrieg mit seinen komödienhaften Vorwänden sowohl bei den Westmächten wie bei der Sowjetunion; dann der Terror des Stalin- und des Hitlersystems; der Zweite Weltkrieg mit seiner totalen Gleichgültigkeit gegenüber dem Leben der Zivilbevölkerung; und der Krieg in Vietnam, wo die amerikanische Regierung seit Jahren ihre Macht zu dem Versuch einsetzt, ein kleines Volk zu zertreten, um es zu «retten». Und keine einzige von den Großmächten hat den einen Schritt getan, der alle mit Hoffnung erfüllen würde, nämlich die eigenen Atomwaffen abzuschaffen und darauf zu vertrauen, daß die anderen vernünftig genug sind, dem Beispiel zu folgen.

Aber es gibt auch noch andere Gründe für die wachsende Hoffnungslosigkeit: die Entstehung einer total bürokratisierten Industriegesellschaft und die Machtlosigkeit des Einzelnen im Angesicht der Organisation (damit werde ich mich im nächsten Kapitel beschäftigen).

Falls Amerika und die westliche Welt weiter in ihrer unbewußten Hoffnungs-, Glaubens- und Mutlosigkeit verharren, läßt sich voraussagen, daß sie der Versuchung des großen Knalls mit Atomwaffen nicht werden widerstehen können; damit wären dann alle Probleme beseitigt – Überbevölkerung, Langeweile und Hunger, da es kein Leben mehr gäbe.

Jeder Fortschritt zu einer sozialen und kulturellen Ordnung, in der der Mensch im Sattel sitzt, hängt davon ab, ob wir mit unserer Hoffnungslosigkeit zu Rande kommen können. Zunächst und vor allem müssen wir sie erkennen. Und zweitens müssen wir prüfen, ob es eine reale Möglichkeit gibt, unser soziales, wirtschaftliches und kulturelles Leben in solcher Weise zu ändern, daß Hoffen wieder möglich wird. Wenn keine derartige Möglichkeit besteht, ist Hoffnung tatsächlich blanke Narrheit. Doch wenn sie besteht, kann es Hoffnung geben – auf Grund einer Untersuchung neuer Alternativen und auf Grund von konzertierten Aktionen zur Verwirklichung dieser neuen Alternativen.

III. Wo stehen wir heute, und wohin führt der Weg?

1. Wo stehen wir heute?

Es ist schwierig, auf die historische Entwicklungsbahn, die vom Industrialismus des 18. und 19. Jahrhunderts in die Zukunft führt, unsere genaue Position zu bestimmen. Zu sagen, wo wir uns nicht befinden, fällt schon leichter. Wir sind nicht auf dem Weg zum freien Unternehmertum, sondern entfernen uns davon sehr schnell. Wir sind auch nicht auf dem Weg zu größerem Individualismus, sondern werden in zunehmendem Maße eine manipulierte Massenkultur. Wir sind nicht unterwegs zu Zielen, die wir nach unseren ideologischen Landkarten angeblich ansteuern. Wir bewegen uns in einer völlig anderen Richtung. Manche Menschen erkennen sie recht deutlich, einige voll Freude, andere furchterfüllt. Aber die meisten von uns blicken auf Landkarten, die sich ebenso von der Wirklichkeit unterscheiden wie eine Weltkarte aus dem Jahre 500 v. Chr. Die Erkenntnis, daß unsere Karten falsch sind, reicht nicht aus. Wir brauchen zutreffende Karten, um in die Richtung gehen zu können, in die wir wollen. Und die allerwichtigste Angabe der neuen Karte müßte lauten: wir haben das Stadium der ersten industriellen Revolution längst hinter uns und sind bereits in die Periode der zweiten eingetreten.

Die erste industrielle Revolution war dadurch gekennzeichnet, daß die Kraft von lebendigen Wesen (Tieren und Menschen) durch mechanische Kraft (Dampf, Öl, Elektrizität, Kernspaltung) ersetzt werden konnte. Diese neuen Energiequellen waren die Basis für einen grundlegenden Wandel in der industriellen Produktion. Und mit diesem neuen Industriepotential entstand ein bestimmter Typ der industriellen Organisation: eine große Anzahl von (unter heutigen Gesichtspunkten) kleinen und mittleren Industriebetrieben, die von ihren Eigentümern geleitet wurden, miteinander in Konkurrenz standen, ihre Arbeiter ausbeuteten und mit ihnen um den Anteil am Profit kämpften. Die Mitglieder der Mittel- und Oberklasse waren genauso die Herren ihrer Unternehmen, wie sie die Herren im Hause waren, und sie betrachteten sich als Herrscher über ihr Schicksal. Eine skrupellose Ausbeutung farbiger Völker ging Hand in Hand mit innenpolitischen Reformen, einem wachsenden Verständnis für die Armen und, in der ersten Hälfte unseres Jahrhunderts, dem Aufstieg der Arbeiterklasse aus tiefer Armut zu einem relativ behaglichen Leben.

Auf die erste industrielle Revolution folgt nun die zweite, deren Anfänge wir gegenwärtig beobachten. Sie ist dadurch gekennzeichnet, daß nicht mehr nur die *lebendige Kraft* durch mechanische ersetzt wird, sondern das *menschliche Denken* durch das Denken von Maschinen. Die Kybernetik und die Automation («Kybernation») gestatten den Bau von Maschinen, die bei der Beantwortung wichtiger technischer und organisatorischer Fragen sehr viel genauer und schneller arbeiten als das menschliche Gehirn. Und die Kybernation schafft die Möglichkeit einer neuen Art von wirtschaftlicher und sozialer Organisation. Eine vergleichsweise kleine Zahl von Mammutunternehmen ist in den Mittelpunkt der Wirtschaftsmaschine gerückt und wird sie in nicht ferner Zukunft völlig beherrschen. Diese Unternehmen sind zwar juristisch Eigentum von hunderttausenden von Aktienbesitzern, werden aber in Wahrheit von einer sich selbst erhaltenden Bürokratie verwaltet, die praktisch unabhängig von den gesetzmäßigen Eigentümern ist. Die Verflechtungen zwischen Privatunternehmen und Regierung werden so eng, daß die beiden Partner dieser Allianz immer schwerer zu unterscheiden sind. Die Mehrheit der amerikanischen Bevölkerung ist gut ernährt, hat gute Wohnungen und wird gut unterhalten; und die Minderheit der «unterentwickelten» Amerikaner, die diesen Standard noch nicht erreicht haben, wird vermutlich in absehbarer Zukunft auf das Niveau der Mehrheit gelangen. Wir bekennen uns zwar weiterhin zum Individualismus, zur Freiheit, zum Glauben an Gott, aber unsere Bekenntnisse wirken fadenscheinig, wenn man sie mit der Wirklichkeit vergleicht: mit dem besessenen Konformismus des Organisations-Menschen, der nur noch vom Prinzip des hedonistischen Materialismus geleitet wird.

Wenn die Gesellschaft stillstehen könnte – aber das kann sie sowenig wie ein Individuum –, wäre die Lage vielleicht nicht ganz so verhängnisvoll. Aber wir befinden uns auf dem Weg zu einer neuen Gesellschaft und einer neuen Art des menschlichen Lebens, wovon wir jetzt erst die Anfänge sehen; und diese Entwicklung beschleunigt sich.

2. Ein Bild der enthumanisierten Gesellschaft im Jahre 2000

Was für eine Gesellschaft und was für eine Art von Mensch können wir für das Jahr 2000 erwarten, falls der Atomkrieg nicht vorher die menschliche Rasse vernichtet hat?

Wenn mehr Menschen wüßten, welchen Weg die amerikanische Gesellschaft voraussichtlich gehen wird, wären viele (wenn nicht die meisten) so entsetzt, daß sie wohl entsprechende Maßnahmen ergreifen würden, um diesen Kurs zu ändern. Wer sich jetzt nicht klar darüber ist, wohin die Entwicklung geht, wird erwachen, wenn es zu spät und sein Schicksal unwiderruflich besiegelt ist. Unglücklicherweise weiß die große Mehrheit nicht, wohin es geht. Sie ist sich nicht klar darüber, daß sich die neue Gesellschaft, zu der die Entwicklung hinläuft, so radikal von der griechischen, römischen, mittelalterlichen oder der herkömmlichen Industriegesellschaft unterscheidet wie eine Ackerbaugesellschaft von einer Gesellschaft der Sammler und Jäger. Die meisten Menschen denken immer noch in den sozialen Kategorien der ersten industriellen Revolution. Sie sehen, daß wir mehr und bessere Maschinen haben als vor fünfzig Jahren, und sie vermerken dies als Fortschritt. Sie glauben, das Fehlen von direkter politischer Unterdrückung sei als Zeichen für die Erlangung der persönlichen Freiheit zu verstehen. Ihre Erwartungen für das Jahr 2000 laufen darauf hinaus, daß es die völlige Verwirklichung der menschlichen Wünsche seit dem Ende des Mittelalters bringen werde; und sie übersehen, daß vielleicht das Jahr 2000 nicht die Erfüllung und der glückliche Höhepunkt des menschlichen Kampfes für Freiheit und Glück sein wird, sondern der Anfang einer Periode, in der der Mensch aufhört, menschlich zu sein, und sich in eine gedanken- und gefühllose Maschine verwandelt.

Interessanterweise wurden die Gefahren der neuen, enthumanisierten Gesellschaft von intuitiven Geistern bereits im 19. Jahrhundert klar gesehen; und ihre Vorausschau ist um so eindrucksvoller, da diese Denker aus entgegengesetzten politischen Lagern kamen.[1]

Ein Konservativer wie Disraeli und ein Sozialist wie Marx waren praktisch derselben Meinung über die Gefahren, die aus dem unkontrollierten Wachstum von Produktion und Verbrauch für den Menschen erwachsen würden. Sie sahen beide, daß die Kraft des Menschen durch seine Sklaverei gegenüber der Maschine und durch seine eigene, ständig wachsende Habgier geschwächt werden würde. Disraeli meinte, man müsse zur Abwendung dieser Gefahr die Macht der neuen Bourgeoisie fest zügeln; und Marx war überzeugt, auch eine hochindustrialisierte Gesellschaft lasse sich in eine menschliche verwandeln, in der nicht die materiellen Güter, sondern der Mensch das Ziel aller sozialen Anstrengungen ist.[2] Einer der glänzendsten fortschrittlichen Denker des vorigen Jahrhunderts, John Stuart Mill, erkannte das Problem in aller Klarheit:

«Ich gestehe, daß mich nicht das Lebensideal der Leute bezaubert, die glauben, daß der Normalzustand menschlicher Wesen in dem fortwährenden Kampfe gegeneinander besteht, daß das Stoßen, Drängen, Einander auf die Fersen Treten, das heute das Kennzeichen unserer gesellschaftlichen Zustände ist, das wünschenswerteste Los der Menschen oder etwas anderes sei, als die unerfreulichen Merkmale eines einzelnen Abschnittes des gewerblichen Fortschrittes ... Gleichwohl ist es durchaus angemessen, daß, solange Reichtum noch Macht ist und es das Ziel allgemeinen Ehrgeizes ist, so reich wie möglich zu werden, der Weg zur Befriedigung dieses Ehrgeizes allen ohne Begünstigung oder Parteilichkeit offen stehen soll. Aber der beste Zustand für die menschliche Natur ist doch der, daß keiner arm ist, niemand reicher zu sein wünscht, und niemand Grund zu der Furcht hat, daß er durch die Anstrengungen anderer, die sich selber vorwärts drängen, zurückgestoßen werde.»[3]

Offensichtlich erkannten große Geister schon vor hundert Jahren, was heute oder morgen geschehen würde, während wir, denen es geschieht, uns blind stellen, um nicht in unserer täglichen Routine gestört zu werden. Anscheinend sind Liberale und Konservative in dieser Hinsicht gleich blind. Und nur wenige einsichtsvolle Autoren haben das Ungeheuer klar erkannt, dem wir zur Geburt verhelfen. Es ist nicht der *Leviathan* von Hobbes, sondern ein Moloch, ein alles vernichtendes Götzenbild, dem das menschliche Leben geopfert werden soll. Dieser Moloch wurde sehr phantasievoll von Orwell und Aldous Huxley sowie von einer Reihe von Science Fiction-Autoren geschildert, die damit mehr Klarheit bewiesen haben als die meisten professionellen Soziologen und Psychologen.

Aus Brzezinskis Beschreibung der technetronischen Gesellschaft habe ich bereits zitiert und möchte nur noch dies hinzufügen: «Der überwiegend humanistisch orientierte und gelegentlich ideologisch gebundene intellektuelle Nonkonformist ... wird in schnellem Tempo entweder durch Experten und Spezialisten ... oder durch verallgemeinernde Zusammenfasser verdrängt; und diese werden als Hausideologen der Macht für die disparatesten Handlungen eine übergreifende intellektuelle Gesamtschau erstellen.»[4]

Ein eindringliches und scharfes Bild der neuen Gesellschaft entwarf auch Lewis Mumford, der zu den hervorragendsten Humanisten unserer Zeit zählt.[5] Zukünftige Historiker werden – falls es sie gibt – sein Werk als eine der prophetischen Warnungen in unserer Zeit betrachten. Mumford verleiht der Zukunft eine neue perspektivische Tiefe, indem er ihre Wurzeln bis in die Vergangenheit zurückverfolgt. Und das Zentralphänomen, das nach seiner Auffassung Vergangenheit und Zukunft verbindet, bezeichnet er als «Megamaschine». Diese «Megamaschine» ist ein völlig durchorganisiertes, homogenes Sozialsystem, in dem die Gesellschaft als solche wie eine Maschine und die Menschen wie deren Bestandteile funktionieren. Eine derartige Organisation beruht auf der totalen Koordination und einer «ständigen Zunahme von Ordnung, Macht, Voraussagbarkeit und vor allem Kontrolle»; in früheren «Megamaschinen» wie der ägyptischen und der mesopotamischen Gesellschaft führte sie zu fast ans Wunderbare grenzenden technischen Leistungen; und mit Hilfe der modernen Technik wird sie ihren vollkommensten Ausdruck in der Zukunft der technischen Gesellschaft finden.

Mumfords Vorstellung einer Megamaschine ist auch zur Erklärung gewisser neuerer Erscheinungen nützlich. Mir scheint zum Beispiel, daß die Megamaschine in der Neuzeit zum ersten Male in großem Maßstabe bei der stalinistischen Industrialisierung eingesetzt wurde und dann wieder bei der Industrialisierung des kommunistischen Chinas. Während Lenin und Trotzki immer noch hofften, die Revolution werde schließlich so, wie Marx es vorausgesagt hatte, zum Sieg des Individuums über die Gesellschaft führen, verriet Stalin die Reste dieser Hoffnungen und besiegelte seinen Verrat durch die physische Vernichtung all derer, in denen die Hoffnung vielleicht noch nicht ganz erloschen war. Stalin konnte seine Megamaschine auf dem Kern einer gutentwickelten Industrie errichten, auch wenn diese im Niveau weit unter der Industrie von Ländern wie England oder den Vereinigten Staaten stand. Die kommunistischen Führer in China sahen sich dagegen einer anderen Situation gegenüber. Es gab keinen industriellen Kern von Bedeutung. Ihr einziges Kapital waren die physische Kraft und die Leidenschaften und Gedanken von 700 Millionen Menschen. Sie erkannten, daß sich durch die vollständige Koordinierung dieses Menschenmaterials ein Äquivalent für die ursprüngliche Ansammlung von Kapital schaffen ließ, das zu einer technischen Entwicklung, die in relativ kurzer Zeit das Niveau der westlichen erreichen sollte, gebraucht wurde. Diese totale Koordination ließ sich nur durch eine Mischung von Gewalt, Persönlichkeitskult und Indoktrinierung erreichen, die im Widerspruch zu jener Freiheit und jenem Individualismus steht, die Marx als Grundelemente der sozialistischen Gesellschaft vorausgesehen hatte. Man darf jedoch nicht vergessen, daß die Ideale einer Überwindung des persönlichen Egoismus und des Konsumdenkens zumindest bislang im chinesischen System erhalten geblieben sind; aber sie vermischen sich mit Totalitarismus, Nationalismus und einer Reglementierung des Denkens, die das humanistische Wunschbild von Marx verfälschen.

Die Erkenntnis eines radikalen Bruchs zwischen der ersten Phase der Industrialisierung und der zweiten industriellen Revolution, in der die Gesellschaft selbst zu einer riesigen Maschine wird, von der der Mensch nur noch ein lebender Bestandteil ist, wird allerdings durch gewisse Wesensunterschiede zwischen der Megamaschine Ägyptens und der des zwanzigsten Jahrhunderts etwas verdunkelt. Zunächst einmal war die Arbeit der lebenden Bestandteile in der ägyptischen Maschine Zwangsarbeit. Die nackte Drohung mit Tod oder Verhungern zwang den ägyptischen Arbeiter, seine Aufgabe auszuführen. Heute, im zwanzigsten Jahrhundert, kann dagegen der Arbeiter in den am weitesten entwickelten Industrieländern wie etwa den USA recht angenehm leben; für seinen Ahnen, den Arbeiter vor hundert Jahren, hätte es wie ein Leben in traumhaftem Luxus ausgesehen. Der Arbeiter hat inzwischen, und hier liegt einer der Irrtümer von Marx, am wirtschaftlichen Fortschritt der kapitalistischen Gesellschaft teilgenommen und davon profitiert; er hat tatsächlich viel mehr zu verlieren als seine Ketten.

Die Bürokraten, die den Arbeitsprozeß steuern, unterscheiden sich ebenfalls wesentlich von der bürokratischen Elite der alten Megamaschine. Ihr Leben ist mehr oder weniger von den gleichen Wertvorstellungen der Mittelklasse bestimmt, die auch für die Arbeiter gelten. Zwar werden sie besser bezahlt als die Arbeiter, aber die Unterschiede im Konsum liegen eher in der Quantität als in der Qualität. Arbeitgeber und Arbeiter rauchen die gleichen Zigaretten und fahren in Autos, die äußerlich gleich aussehen, obwohl die besseren angenehmer zu fahren sind als die billigeren. Sie sehen sich dieselben Filme und Fernsehprogramme an, und ihre Frauen benutzen die gleichen Kühlschränke.[6]

Die Elite der Manager unterscheidet sich von den früheren auch noch in anderer Hinsicht: Sie sind genauso entfremdet, oder vielleicht sogar noch mehr, genauso von Angst erfüllt, oder vielleicht sogar mehr, wie die Arbeiter in ihren Fabriken. Sie langweilen sich wie jeder andere und greifen zu denselben Mitteln gegen die Langeweile. Im Unterschied zu den früheren Eliten sind sie keine kulturschaffende Gruppe. Zwar geben sie eine ganze Menge von ihrem Geld zur Förderung von Wissenschaft und Kunst aus, aber als Klasse sind sie genausosehr nur Konsumenten dieser «Kultur-Wohlfahrt», wie deren eigentliche Empfänger. Die wirklich kulturschaffende Gruppe lebt ganz am Rande der Gesellschaft. Dies sind die schöpferischen Wissenschaftler und Künstler, aber bisher hat es den Anschein, als wüchsen die schönsten Blüten der Gesellschaft des zwanzigsten Jahrhunderts auf dem Baume der Wissenschaft und nicht auf dem der Kunst.

3. Die gegenwärtige technische Gesellschaft

a) Ihre Prinzipien

Vielleicht ist die technetronische Gesellschaft das System der Zukunft, aber noch ist sie nicht da; sie kann sich aus dem Vorhandenen entwickeln und wird dies vermutlich tun, wenn nicht eine genügend große Zahl von Menschen die Gefahr erkennt und den Kurs neu ausrichtet. Dazu müssen jedoch die Arbeitsweise des gegenwärtigen technischen Systems und deren Auswirkungen auf den Menschen in genaueren Einzelheiten begriffen werden.

Welches sind die Leitprinzipien des heutigen Systems?

Es wird von zwei Grundsätzen bestimmt, die das Denken und Streben aller daran Beteiligten beherrschen. Das erste Prinzip ist die Maxime, jede Sache *müsse* getan werden, sobald ihre Verwirklichung technisch *möglich* ist. Wenn der Bau von Atomwaffen möglich ist, müssen sie gebaut werden, obwohl sie uns alle vernichten können. Wenn die Fahrt zum Mond oder zu den Planeten möglich ist, muß sie gemacht werden, sogar auf Kosten vieler unerfüllter Bedürfnisse hier auf Erden. Ein solches Prinzip bedeutet die Negation aller Werte, die in der humanistischen Tradition entwickelt wurden. Diese Tradition besagte, daß etwas getan werden solle, wenn es für den Menschen gebraucht werde – für sein Wachstum, zu seiner Freude, für seine Vernunft oder weil es schön, gut oder wahr ist. Sobald man dagegen das Prinzip anerkennt, daß etwas getan werden müsse, weil es technisch möglich ist, sind alle anderen Werte vom Thron gestoßen: die technische Entwicklung wird zum Fundament der Ethik gemacht.[7]

Das zweite Prinzip verlangt einen *maximalen Nutzeffekt* und *Produktionsausstoß*. Diese Forderung führt folgerichtig zur Forderung nach minimaler Individualität. Die gesellschaftliche Maschine, so glaubt man, arbeite wirkungsvoller, wenn jeder einzelne zu einer völlig quantifizierbaren Einheit zurechtgestutzt wird, deren «Persönlichkeit» sich auf einer Lochkarte zusammenfassen läßt. Solche Einheiten sind bürokratisch viel leichter zu verwalten, weil sie weder Ärger machen noch Reibungen verursachen. Zu diesem Zweck müssen die Menschen entindividualisiert und in der Weise belehrt werden, daß sie ihre Identität nicht in sich selbst, sondern in der Organisation suchen.

Die Frage des ökonomischen Nutzeffekts will sorgfältig bedacht sein. Ökonomisch nämlich gilt jede Verfahrensweise als wirkungsvoll und nützlich, die mit dem kleinsten möglichen Aufwand an Kraft und Material die größtmögliche Leistung erzielt. Aber dieser Grundsatz muß in seinen historischen Entwicklungszusammenhang gestellt werden. Denn er ist offenbar wichtiger in einer Gesellschaft, in der materielle Knappheit zum Leben gehört, und seine Bedeutung wird um so geringer, je weiter sich die Produktivkräfte der Gesellschaft fortentwickelt haben.

Ein zweiter Untersuchungsantrag sollte zur vollen Berücksichtigung der Tatsache führen, daß der Nutzeffekt nur für längst eingeführte Tätigkeiten als Meßgröße dienen kann. Da wir über den Nutzeffekt oder die Unwirksamkeit von noch nicht erprobten Verfahren nichts wissen, kann man etwas bereits Bestehendes nur unter Vorbehalt durch den Hinweis auf seinen Nutzeffekt verteidigen. Außerdem muß man sehr genau das Bezugssystem und den zeitlichen Geltungsbereich berücksichtigen und mit angeben. Was nach einer engen Definition wirksam und nützlich erscheinen mag, kann sich als überaus schädlich erweisen, sobald der inhaltliche und zeitliche Geltungsbereich erweitert ist. Die Wirtschaftswissenschaft wird sich zunehmend klarer über die sogenannten «Nachbarschafts-Effekte»; das sind jene Wirkungen, die über die unmittelbar betrachtete Tätigkeit hinausgreifen und bei der Abwägung von Nutzeffekt und Kosten oft übersehen werden. Ein Beispiel wäre die Bestimmung des Nutzeffekts eines bestimmten Industrieprojektes allein nach den unmittelbaren Auswirkungen auf das Unternehmen selbst, wenn dabei etwa vergessen wird, daß die Abfallstoffe, die in die nahen Flüsse oder in die Luft geleitet werden, unter dem Gesichtspunkt der Gemeinschaft eine kostspielige und schwerwiegende Schädigung darstellen. Wir müssen deshalb eindeutige Maßstäbe für Nutzen und Wirksamkeit entwickeln, die auch den Zeitpunkt und die Interessen der Gesamtgesellschaft in Rechnung stellen. Und schließlich muß auch das menschliche Element als grundlegender Faktor des Systems, dessen Nutzeffekt wir untersuchen wollen, berücksichtigt werden.

Die Enthumanisierung im Namen des größten Nutzeffekts ist nur zu alltäglich; wenn zum Beispiel eine riesige Telefongesellschaft Methoden aus Huxleys *Schöner neuer Welt* benutzt, die Gespräche zwischen Telefonistinnen und Fernsprechteilnehmern auf Tonbändern festhält und die Fernsprechteilnehmer um eine Bewertung der Arbeitsleistung und -einstellung bittet, zielt dies darauf ab, die «richtige» Angestellten-Mentalität zu erzwingen, die Dienstleistungen zu standardisieren und den Nutzeffekt zu erhöhen. Aus der engen Sicht der unmittelbaren Betriebsinteressen macht solch ein Vorgehen die Arbeitskräfte fügsam und willfährig und vergrößert damit die Leistungsfähigkeit des Betriebs. Für die Angestellten als Menschenwesen sieht die Maßnahme jedoch ganz anders aus: sie erweckt Unzulänglichkeitsgefühle, Angst und Frustration, die entweder zur Gleichgültigkeit oder zu einer feindseligen Einstellung führen. In größerem Rahmen betrachtet, dient also ein solches Vorgehen nicht einmal der Erhöhung des Nutzens, weil es die Firma und die Gesamtgesellschaft zweifellos teuer zu stehen kommt.

Eine andere allgemeine Praxis bei der Arbeitsorganisation besteht darin, das schöpferische Element (das immer ein Risiko und einige Unsicherheit einschließt) sowie die Gruppenzusammenarbeit immer stärker zu beschränken; die Aufgaben werden bis zu dem Punkt unterteilt, wo kein Urteil und kein zwischenmenschlicher Kontakt mehr übrig oder nötig ist. Arbeiter und Techniker sind für diesen Vorgang übrigens keineswegs unempfindlich. Ihre Frustration ist häufig hellsichtig und artikuliert, und Kommentare wie «Wir sind doch Menschen» oder «Diese Arbeit ist nichts für menschliche Wesen» sind gar nicht so selten. Auch hier erweist sich also der Nutzeffekt in einem engen Sinne als demoralisierend und als kostspielig – für den Einzelnen und für die Gesellschaft.

Wenn wir uns für das Zahlenverhältnis zwischen Eingabe und Ausstoß interessieren, kann ein System wirkungsvoll erscheinen. Sobald wir jedoch in Betracht ziehen, was die jeweiligen Methoden den menschlichen Wesen im System antun, entdecken wir, daß diese gelangweilt sind, angsterfüllt, deprimiert, angespannt usw. Die Folgeerscheinungen für die Menschen sehen so aus: 1. Ihre Phantasie ist durch ihren psychischen Leidenszustand eingeschnürt, sie sind unschöpferisch; ihr Denken verläuft routinehaft und bürokratisch, deshalb bringen sie keine neuen Ideen und Lösungen hervor, die zu einer produktiveren Entwicklung des Systems beitragen könnten; insgesamt sind ihre Kräfte beträchtlich geschwächt. 2. Sie leiden unter vielen körperlichen Erkrankungen, die vom Stress und der Anspannung herrühren; diese Beeinträchtigung der Gesundheit ist ebenfalls ein Verlust für das System. Wenn man darüber hinaus bedenkt, in welcher Weise die Anspannung und Angst sich auf ihre Beziehung zu Frau und Kindern und auf ihre Funktion als verantwortliche Staatsbürger auswirken, zeigt sich, daß die scheinbar so wirkungsvollen und nützlichen Methoden für das Gesamtsystem überaus schädlich sind – und zwar nicht nur unter menschlichen Gesichtspunkten, sondern auch nach rein wirtschaftlichen Kriterien.

Zusammenfassend gesagt: bei jeder zweckhaften Tätigkeit ist ein maximaler Nutzeffekt erstrebenswert. Aber er sollte im Rahmen jenes größeren Zusammenhangs beurteilt werden, von dem das untersuchte System nur ein Teil ist, und er sollte den menschlichen Faktor innerhalb des Systems mit berücksichtigen. Letztlich dürfte der maximale Nutzeffekt als solcher in keinem Unternehmenszweig die *beherrschende* Norm sein.

Der andere Aspekt desselben Prinzips, nämlich das Streben nach maximaler Produktivität, bedeutet stark vereinfacht, daß es um so besser sei, je mehr wir von irgendeiner beliebigen Sache produzieren. Der wirtschaftliche Erfolg eines Landes wird am Anstieg der Gesamtproduktion gemessen; ebenso der Erfolg eines Unternehmens. Die Firma Ford kann mehrere hundert Millionen Dollar durch das Versagen eines teueren neuen Automodells wie des Edsel verlieren, aber dies ist nur ein geringfügiges Mißgeschick, solange die Produktionskurve steigt. Das Wachstum der Wirtschaft wird an Hand der ständig wachsenden Produktion sichtbar gemacht, und es besteht keinerlei Vorstellung von einer Grenze, an der die Produktion stabilisiert werden könnte. Auch der Vergleich zwischen verschiedenen Ländern geht nach denselben Grundsätzen vor sich: Die Sowjetunion hofft, die Vereinigten Staaten zu überholen, indem sie einen schnelleren Anstieg ihres Wirtschaftswachstums erreicht.

Aber nicht nur die Industrieproduktion wird vom Prinzip der ständigen und grenzenlosen Akzeleration beherrscht. Das Erziehungssystem unterwirft sich demselben Kriterium: je mehr College-Absolventen, um so besser. Ebenso im Sport: jeder neue Rekord wird als Fortschritt gefeiert. Sogar die Einstellung zum Wetter scheint von diesem Prinzip beherrscht zu sein. Es wird betont, ein bestimmter Tag sei «der heißeste des Jahrzehnts» oder der kälteste, wie die Dinge gerade liegen; vermutlich trösten sich wirklich manche Menschen durch das stolze Gefühl, Rekord-Temperaturen erlebt zu haben, über die damit verbundenen Unbequemlichkeiten hinweg. Und es ließen sich endlos weitere Beispiele für die Vorstellung aufzählen, daß ein ständiges Ansteigen der Quantität unser Lebensziel sei; genau dies ist es, was man unter «Fortschritt» versteht.

Nur wenige stellen dabei die Frage nach der *Qualität*, also, wozu dieser Anstieg der Quantität eigentlich gut sei. Dieses Versäumnis tritt in einer Gesellschaft, die sich nicht mehr um den Menschen dreht und in der ein einziger Gesichtspunkt, der der Quantität, alle anderen verdrängt hat, offen zutage. Und es ist leicht einzusehen, daß die Vorherrschaft des Prinzips «je mehr, desto besser» das ganze System aus dem Gleichgewicht bringen kann. Wenn alle Mühen darauf verwandt werden, immer noch *mehr* zu tun, verliert die Qualität des Lebens jegliche Bedeutung, und Tätigkeiten, die früher einmal Mittel waren, werden nun Zwecke.[8]

Wenn das oberste wirtschaftliche Prinzip verlangt, daß wir immer mehr produzieren, muß der Verbraucher bereit sein, immer mehr zu wollen, und das heißt: immer mehr zu konsumieren. Die Industrie verläßt sich nicht auf sein spontanes Bedürfnis nach immer mehr Waren. Durch eingebauten Verschleiß zwingt sie ihn häufig zum Kauf neuer Dinge, obwohl die alten weit länger halten könnten. Und durch Änderungen der äußeren Aufmachung von Maschinen, Kleidung, Einrichtungsgegenständen und sogar Nahrungsmitteln zwingt sie ihn psychologisch, mehr zu kaufen, als er tatsächlich braucht oder haben möchte. Die Industrie verläßt sich in ihrem Streben nach steigender Produktion keineswegs auf die Verbraucherbedürfnisse und -wünsche, sondern in großem Maße auf die Werbung; die Werbung ist der wichtigste Angriff auf das Recht des Verbrauchers, selbst zu wissen, was er haben will. Wenn im Jahre 1966 für die Direktwerbung in Zeitungen, Zeitschriften und im Radio und Fernsehen der Vereinigten Staaten 16,5 Milliarden Dollar ausgegeben wurden, mag das wie eine irrationale und überflüssige Verschwendung von menschlichem Talent, Papier und Druckerschwärze aussehen. Aber es ist gar nicht irrational in einem System, das eine wachsende Produktion und den entsprechenden Verbrauch für ein lebenswichtiges Grundprinzip unseres Wirtschaftssystems hält, ohne welches es zusammenbrechen würde. Und wenn wir zu den Kosten der Werbung noch die beträchtlichen Ausgaben für die ganz äußerliche Umarbeitung von Waren, besonders von Autos, und für neue Verpackungen hinzurechnen, die ja nur wieder den Appetit des Verbrauchers wecken sollen, wird deutlich, daß die Industrie bereit ist, einen hohen Preis für ein garantiertes Steigen der Produktions- und Verkaufskurven zu zahlen.[9]

Die Furcht der Industrie vor den wirtschaftlichen Folgen eines gewandelten Lebensstils kommt in der nachstehenden kurzen Äußerung eines führenden Investitionsfachmannes zum Ausdruck:

«Kleidung würde um ihrer Nützlichkeit willen gekauft; Nahrungsmittel wegen ihrer Billigkeit und ihres Nährwertes; Autos würden auf das Wesentliche vereinfacht und blieben die ganzen zehn oder fünfzehn Jahre ihrer Lebensdauer im gleichen Besitz; Häuser würden wegen ihrer Unterkunfts-Eigenschaften und ohne Rücksicht auf Stil oder Nachbarschaft gebaut. Und was würde mit unserer Wirtschaft geschehen, die von neuen Modellen, neuen Stilen und neuen Ideen abhängig ist?»[10]

b) Ihre Auswirkungen auf den Menschen

Was für eine Auswirkung hat diese Art von Organisation auf den Menschen? Sie reduziert den Menschen zu einem Anhängsel der Maschine, das von ihrem Rhythmus und ihren Forderungen beherrscht wird. Sie verwandelt ihn in den *Homo consumens*, den totalen Verbraucher, dessen einziges Ziel es ist, mehr zu *haben* und mehr zu *gebrauchen*. Diese Gesellschaft produziert viele nutzlose Dinge und in gleichem Maße viele nutzlose Menschen. Als Rädchen in der Produktionsmaschine wird der Mensch zu einem Ding und hört auf, menschlich zu sein. Er verbringt seine Zeit mit Tätigkeiten, an denen er nicht interessiert ist, in Gesellschaft von Menschen, an denen er nicht interessiert ist; und wenn er gerade nicht produziert, dann konsumiert er. Er ist der ewige Säugling mit aufgerissenem Mund, er nimmt mühelos und ohne innere Beteiligung «in sich auf», was ihm die langeweileverhindernde (und langeweileschaffende) Industrie gerade aufdrängt – Zigaretten, Alkohol, Kino, Fernsehen, Sport, Lektüre; die einzige Grenze ist die seiner Zahlungsfähigkeit. Doch die Langeweileverhinderungsindustrie, das heißt die Neuigkeiten verkaufende Automobil-, Film-, Fernsehindustrie usw. kann im Grunde nur verhindern, daß ihm seine Langeweile bewußt wird. Tatsächlich vergrößert sie sie, so wie Salzwasser den Durst, den es löschen soll, verschlimmert. Und wie unbewußt sie auch sein mag – Langeweile bleibt trotzdem Langeweile.

Marx erkannte die Auswirkungen des wachsenden Konsums sehr deutlich, als er feststellte, «daß die Produktion von zu viel Nützlichem zu viel *unnütze* Population produziert.» Außerdem: «Die Maschine bequemt sich der *Schwäche* des Menschen, um den *schwachen* Menschen zur Maschine zu machen.»

Über das System der Privatindustrie schrieb er: «Jeder Mensch spekuliert darauf, dem anderen ein *neues* Bedürfnis zu schaffen, um ihn zu einem neuen Opfer zu zwingen, um ihn in eine neue Abhängigkeit zu versetzen und ihn zu einer neuen Weise des *Genusses* und damit des ökonomischen Ruins zu verleiten ... Mit der Masse der Gegenstände wächst daher das Reich der fremden Wesen, denen der Mensch unterjocht ist, und jedes neue Produkt ist eine neue *Potenz* der wechselseitigen Ausplünderung. Der Mensch wird um so ärmer als Mensch ...»[11]

Einer der charakteristischen pathologischen Züge des Menschen in der heutigen Industriegesellschaft ist sein Passivsein. Er nimmt in sich auf, er will gefüttert werden, aber er bewegt sich nicht, er setzt nichts in Gang, er verdaut gewissermaßen seine Nahrung gar nicht. Er erwirbt nicht etwa in produktiver Weise aufs neue, was er ererbt hat, sondern er sammelt es an oder verbraucht es. Er leidet unter einem schweren Systemversagen, wie man es ähnlich wohl nur bei schwer depressiven Menschen findet.

Das Passivsein des Menschen ist nur ein Einzelsymptom eines ganzen Krankheitsbildes, das man «Entfremdungssyndrom» nennen könnte. Der Passive setzt sich zur Welt nicht aktiv in Beziehung und ist gezwungen, sich irgendwelchen Abgöttern und deren Forderungen zu unterwerfen. Deshalb fühlt er sich machtlos, einsam und ist von Angst erfüllt. Er hat kaum ein Empfinden für Integrität oder für seine eigene Identität. Allein der Konformismus erscheint ihm als Möglichkeit, die unerträgliche Angst zu vermeiden – und sogar er hebt seine Angst nicht immer auf.

Unter den amerikanischen Autoren hat niemand diesen Dynamismus klarer gesehen als Thorstein Veblen. Er schrieb:

«In allen traditionellen Ausprägungen der Wirtschaftstheorie, gleichgültig ob sie von Engländern oder von Wirtschaftlern des Kontinents stammen, wird das Menschen-Material, mit dem sich die Untersuchung beschäftigt, unter hedonistischen Vorstellungen begriffen; das heißt, als eine passive, wesenhaft träge und unwandelbar gegebene menschliche Natur ... Der hedonistische Begriff des Menschen versteht diesen als einen blitzschnellen Kalkulator für Lust und Schmerz, der wie ein homogenes Kügelchen der Glücksbegier unter dem Anstoß von Reizen, die ihn herumschieben, hin- und herschwingt, aber selbst dabei intakt bleibt. Er hat weder ein Vorher noch ein Nachher. Er ist ein isoliertes, definitives Menschen-Datum und befindet sich in stabilem Gleichgewicht, bis auf die Stöße der einwirkenden Kräfte, die ihn in der einen oder anderen Richtung verschieben. Er hat sich selbst in den elementaren Raum ausgesetzt und rotiert symmetrisch um seine geistige Achse, bis sich das Parallelogramm der Kräfte auf ihn stürzt, worauf er der Richtung der Resultante folgt. Wenn die Kraft der Einwirkung verbraucht ist, kommt er zur Ruhe, ein selbstgenügsames Kügelchen von Begierden wie zuvor. Geistig ist der hedonistische Mensch kein Erster Beweger. *Er ist nicht der Sitz eines Lebensvorgangs, es sei denn in dem Sinne, daß er einer Reihe von Permutationen unterworfen ist, die ihm durch äußere und ihm selbst fremde Umstände aufgezwungen werden.*»[12]

Neben den pathologischen Zügen, die im Passivsein wurzeln, gibt es noch andere, die für das Verständnis der heutigen Pathologie des Normalseins bedeutsam sind. Ich meine die wachsende Kluft zwischen der zerebral-intellektuellen Funktion und der affektiv-emotionalen Erfahrung; die Kluft zwischen Denken und Fühlen, Geist und Herz, Wahrheit und Leidenschaft.

Logisches Denken ist nicht rational, wenn es nur logisch[13] ist und nicht von der Sorge um das Leben und von der Beobachtung des gesamten Lebensprozesses in all seiner Konkretheit und Widersprüchlichkeit bestimmt wird. Andererseits können nicht nur die Gedanken, sondern auch die Gefühle rational sein. Mit Pascals Worten: «Le cœur a ses raisons que la raison ne connaît point» (das Herz hat seine Vernunftgründe, von denen die Vernunft nichts weiß). Rationalität im Gefühlsleben bedeutet, daß die Gefühle die psychische Struktur des Menschen bestätigen, sie in einem harmonischen Gleichgewicht halten und zugleich ihr Wachstum unterstützen. So steigert zum Beispiel eine irrationale Liebe die Abhängigkeit und damit die Angst und Feindseligkeit eines Menschen. Die rationale Liebe dagegen versetzt einen Menschen in engste Beziehung zu einem anderen und bewahrt zugleich seine Unabhängigkeit und Integrität.

Die Vernunft entspringt einer Mischung von rationalem Denken und Gefühl. Wenn die beiden Funktionen auseinandergerissen werden, verkümmert das Denken zu einer schizoiden intellektuellen Aktivität und das Fühlen zu einer neurotischen, lebensschädigenden Leidenschaftlichkeit.

Die Kluft zwischen Denken und Fühlen führt zu einer Erkrankung: einer schwachen, chronischen Schizophrenie, unter der die neuen Menschen des technetronischen Zeitalters zu leiden beginnen. In den Sozialwissenschaften ist es Mode geworden, über menschliche Probleme nachzudenken, ohne auf die Gefühle Rücksicht zu nehmen, die mit diesen Problemen verbunden sind. Man nimmt an, die wissenschaftliche Objektivität verlange, daß die Gedanken und Theorien über den Menschen von aller gefühlsmäßigen Sorge um den Menschen freibleiben müßten.

Ein Beispiel für dieses emotionslose Denken ist Herman Kahns Buch über die atomare Kriegführung. Er erörtert die Frage, ob der Tod von vielen Millionen Amerikanern «akzeptabel» sei, wenn wir als Kriterium dafür die Fähigkeit nehmen, die Wirtschaftsmaschinerie nach einem Atomkrieg in einer annehmbar kurzen Zeit wieder aufzubauen, daß sie so gut ist wie vorher oder sogar besser. Die Grundkategorien dieser Art von Denken sind Zahlen für das Bruttosozialprodukt und das Wachstum oder die Abnahme der Bevölkerung, während alle Fragen nach den menschlichen Auswirkungen des Atomkrieges, nach Leid, Schmerz, Brutalisierung usw., beiseite gelassen werden.

Kahns Buch *Ihr werdet es erleben* liefert weitere Beispiele für jene Darstellungsweise, die wir in einer völlig entfremdeten Megamaschinen-Gesellschaft erwarten müssen. Kahn beschäftigt sich mit Zahlenwerten für Produktion und Bevölkerungswachstum und mit verschiedenen Szenarios für Krieg oder Frieden; und er beeindruckt damit viele Leser, weil sie die tausende von kleinen Angaben, die er zu ständig wechselnden, kaleidoskopartigen Bildern verknüpft, für Bildung und Tiefgründigkeit halten. Sie spüren nicht die prinzipielle Oberflächlichkeit seines Denkens und das Fehlen jeder menschlichen Dimension in seiner Beschreibung der Zukunft.

Wenn ich hier von schwacher chronischer Schizophrenie spreche, ist wohl eine kurze Erläuterung angebracht. Die Schizophrenie darf, wie jeder andere psychotische Zustand, nicht nur psychiatrisch, sondern sie muß auch gesellschaftlich definiert werden. In jeder Gesellschaft dürfte eine schizophrene Erfahrungsweise, die über einen bestimmten Schwellenwert hinausgeht, als Krankheit angesehen werden, weil der darunter Leidende nicht in der Lage ist, irgendeine der gesellschaftlichen Funktionen zu erfüllen (es sei denn, er würde in den Status eines Gottes, Schamanen, Heiligen, Priesters oder dergleichen erhoben). Doch gibt es daneben schwache chronische Psychosen, unter denen Millionen von Menschen leiden können und die gerade weil sie einen bestimmten Schwellenwert nicht überschreiten, keine Beeinträchtigung für die soziale Funktionsfähigkeit der Betroffenen bedeuten. Solange diese ihre Erkrankung mit Millionen von anderen gemeinsam haben, können sie befriedigt feststellen, daß sie nicht allein sind; mit anderen Worten, sie vermeiden damit das Gefühl der völligen Isolation, das sonst für eine vollausgebildete Psychose charakteristisch ist. Und mehr noch, sie betrachten sich selbst als normal und sehen alle, die nicht die Verbindung zwischen Herz und Verstand verloren haben, als «verrückt» an. Bei allen schwachen Psychosen hängt deshalb die Definition des Krankseins davon ab, ob das Krankheitsbild vielen gemeinsam ist oder nicht. Entsprechend der schwachen chronischen Schizophrenie gibt es auch eine ähnliche chronische Paranoia und endogene Melancholie. Und zahlreiche Anzeichen weisen darauf hin, daß in bestimmten Bevölkerungsschichten besonders dann, wenn ein Krieg droht, die paranoiden Elemente zunehmen, jedoch nicht pathologisch empfunden werden, solange sie allgemein verbreitet sind.[14]

Diese Neigung, den technischen Fortschritt als höchsten Wert anzusetzen, hängt nicht nur mit unserer Überbetonung des Intellekts zusammen, sondern – was sehr viel wichtiger ist – mit unserer tiefen, gefühlsmäßigen Begeisterung für alles Mechanische, Nichtlebendige, von Menschenhand Gemachte. Dieses Angezogensein vom Nichtlebendigen, das in seinen extremeren Formen als Sehnsucht nach Tod und Verwesung auftritt (Nekrophilie), führt sogar in seiner weniger drastischen Ausprägung zur Gleichgültigkeit gegenüber dem Leben und nicht zu einer «Ehrfurcht vor dem Leben». Menschen, die sich vom Nichtlebendigen angezogen fühlen, ziehen «Ruhe und Ordnung» den lebendigen Strukturen vor, bürokratische Methoden den spontanen, Maschinen den Lebewesen; also Wiederholung statt Originalität, Ordentlichkeit statt Überschwang, Ansammeln statt Ausgeben. Sie wollen das Leben kontrollieren, weil sie vor seiner unkontrollierbaren Spontaneität Angst haben; sie würden es eher töten, als sich ihm auszusetzen und mit der Welt um sie herum zu verschmelzen. Sie spielen oft mit dem Tode, weil sie nicht im Leben verwurzelt sind; ihr Mut ist der Mut zum Sterben, und das Symbol ihres höchsten Mutes ist das Russische Roulette.[15] Die wachsende Zahl unserer Autounfälle und die Vorbereitungen auf den Atomkrieg sind Zeugnisse für diese Bereitschaft, mit dem Tode zu spielen. Wer würde schließlich nicht dieses erregende Spiel der langweiligen Unlebendigkeit des Organisations-Menschen vorziehen?

Ein Symptom für das Angezogensein vom rein Mechanischen ist die bei einigen Wissenschaftlern und in der Öffentlichkeit zunehmende Popularität der Vorstellung, daß es möglich sein werde, Computer zu konstruieren, die sich im Denken, Fühlen oder irgendwelchen anderen Funktionen nicht mehr vom Menschen unterscheiden.[16] Das Hauptproblem liegt meines Erachtens nicht darin, ob solch ein Computermensch konstruiert werden kann, sondern warum gerade diese Idee so populär ist in einer historischen Periode, in der nichts wichtiger erscheint, als die existierenden Menschen in rationalere, harmonischere und friedlichere Wesen zu verwandeln. Man kann sich kaum des Verdachts erwehren, daß die Anziehungskraft der Vorstellung von einem Computermenschen häufig Ausdruck einer Flucht vor dem Leben ist – aus der humanen Erfahrung in die mechanische und rein intellektuelle.

Die Möglichkeit, menschengleiche Roboter bauen zu können, gehört – falls sie überhaupt einen Ort hat – in die Zukunft. Doch die Gegenwart zeigt uns bereits Menschen, die wie Roboter handeln. Wenn die Mehrheit der Menschen sich wie Roboter verhält, dürfte es tatsächlich kein Problem mehr sein, menschengleiche Roboter zu bauen. Die Idee einer solchen Konstruktion ist ein gutes Beispiel der Alternative zwischen einem menschlichen und einem unmenschlichen Gebrauch der Maschinen. Der Computer kann in vielerlei Hinsicht zur Erleichterung des

Lebens beitragen; aber die Vorstellung, daß er den Menschen und das Leben ersetzt, ist ein Zeichen für den Krankheitszustand unserer Zeit.

Diese Faszination vom rein Mechanischen geht Hand in Hand mit einer wachsenden Popularität von Denkansätzen, in denen die tierische Natur des Menschen und die Verwurzelung seiner Gefühle und Handlungen in den Instinkten betont wird. Sigmund Freud hat bereits eine derartige Psychologie der Instinkte vorgelegt; aber sein Begriff der Libido besitzt im Vergleich mit der grundlegenden Entdeckung der unbewußten Vorgänge im Wachen und im Schlafen nur sekundäre Bedeutung. Die populären neueren Autoren, die wie Konrad Lorenz (*Das sogenannte Böse. Zur Naturgeschichte der Aggression,* Wien 1963) oder Desmond Morris (*Der nackte Affe,* München-Zürich 1968) das Instinktive in unserem tierischen Erbgut hervorheben, haben jedoch im Gegensatz zu Freud keinerlei neue oder weiterführende Erkenntnisse über die spezifischen Probleme des Menschen gewonnen; sie befriedigen nur den Wunsch vieler, sich selbst als Instinktwesen betrachten und dahinter ihre wahren und lästigen menschlichen Probleme verbergen zu können.[17] In ihren Wunschträumen möchten anscheinend viele Menschen die Gefühle eines Affen mit dem Gehirn eines Computers vereinbaren. Falls dieser Traum zu erfüllen wäre, würde das Problem der menschlichen Freiheit und der Verantwortlichkeit scheinbar verschwinden. Die Gefühle würden von den Instinkten regiert, der Verstand vom Computer, und der Mensch brauchte keine Antwort mehr auf die Fragen zu geben, die seine Existenz ihm stellt. Doch ob man diesen Traum nun gut findet oder nicht – seine Verwirklichung ist unmöglich; der nackte Affe mit dem Computergehirn würde aufhören, menschlich zu sein, oder vielmehr: «er» würde überhaupt nicht *sein.*[18]

Von den krankheitsverursachenden Auswirkungen der technischen Gesellschaft müssen noch zwei weitere erwähnt werden: das Schwinden des *Privatlebens* und der *persönlichen menschlichen Kontakte.*

«Privatleben» ist eine komplexe Vorstellung. Es war und ist ein Privileg der Mittel- und Oberklassen, da seine Grundvoraussetzung, der private Raum, kostspielig ist. Dieses Privileg kann jedoch, wie die anderen wirtschaftlichen Privilegien, ein Allgemeingut werden. Abgesehen von diesem wirtschaftlichen Faktor beruhte es auch noch auf der Neigung zum Ansammeln: *mein* Privatleben *gehört mir* und niemand anderem, genau wie *mein* Haus und irgendein anderer Besitz. Zudem war es eine Begleiterscheinung der Heuchelei, also der Diskrepanz zwischen der moralischen Erscheinung und der Wirklichkeit. Doch wenn man all diese Einschränkungen gemacht hat, bleibt Privatleben immer noch eine offenbar wesentliche Voraussetzung für die produktive Persönlichkeitsentwicklung. Zunächst einmal braucht man es, um sich zu sammeln und um dem ständigen Geräusch des menschlichen Geredes und dem Eindringen anderer in die eigene Geistestätigkeit zu entgehen. Wenn alle privaten

Angelegenheiten in öffentliche verwandelt würden, dürften die Erfahrungen insgesamt seichter und einander ähnlicher werden. Die Menschen werden Angst haben, «das Falsche» zu empfinden; und sie werden für psychologische Manipulationen, die auf Grund von Testverfahren Normen für ein «erstrebenswertes», «normales» und «gesundes» Verhalten aufgestellt haben, zugänglicher werden. Wenn man bedenkt, in welchem Ausmaße diese Tests den Privatunternehmen und Regierungsbehörden zur Auswahl von Menschen mit den «richtigen» Einstellungen dienen, dann stellt die Abhaltung psychologischer Tests, die inzwischen fast allgemein als Voraussetzung für die Einstellung in einer guten Position anerkannt wird, einen schwerwiegenden Eingriff in die bürgerliche Freiheit dar. Unglücklicherweise nutzt eine große Zahl von Psychologen ihre jeweilige Menschenkenntnis für solche Manipulationen im Interesse des von den Großorganisationen erstrebten Nutzeffekts. So werden die Psychologen zu einem wichtigen Teil des Industrie- und Regierungssystems, auch wenn sie behaupten, ihre Tätigkeit diene nur der optimalen Entwicklung des Menschen. Dieser Anspruch gründet auf der oberflächlichen Überlegung, das für ein Unternehmen Beste sei auch das Beste des Menschen. Die jeweiligen Auftraggeber sollten einsehen, daß viele Ergebnisse psychologischer Testverfahren auf jenem sehr eingeschränkten Menschenbild beruhen, das ihre eigenen Anforderungen den Psychologen suggeriert haben; diese spiegeln es einfach wieder zurück und geben es als Resultat einer unabhängigen Untersuchung des Menschen aus. Es bedarf kaum der Erwähnung, daß die Eingriffe in das Privatleben zu einer Kontrolle über den Einzelnen führen können, die totaler ist und verheerender sein könnte als alles, was totalitäre Staaten bisher vorgeführt haben. Orwells *1984* braucht, um Wirklichkeit zu werden, kräftige Unterstützung von testenden, konditionierenden und besänftigenden Psychologen. Deshalb ist es von lebenswichtiger Bedeutung, zwischen einer Psychologie, die den Menschen versteht und auf sein Wohlergehen bedacht ist, und einer anderen Psychologie zu unterscheiden, die den Menschen als Objekt betrachtet und das einzige Ziel hat, ihn für die technische Gesellschaft noch nützlicher zu machen.

c) Das Bedürfnis nach Gewißheit

In unserer bisherigen Erörterung habe ich einen Faktor ausgelassen, der für das Verständnis des menschlichen Verhaltens in der gegenwärtigen Gesellschaft die größte Bedeutung besitzt: sein Bedürfnis nach *Gewißheit*. Der Mensch ist nicht mit einem Bündel von Instinkten ausgestattet, die sein Verhalten sozusagen automatisch regeln. Er sieht sich Entscheidungen gegenübergestellt und bei sehr wichtigen Fragen sogar der Gefahr, sein Leben zu verlieren, wenn er sich falsch entscheidet. Der Zweifel, der ihn befällt, wenn er sich – oft ganz schnell – entscheiden muß, verursacht eine schmerzhafte Spannung und kann seine Fähigkeit zum schnellen Entscheiden ernstlich gefährden. Als Folge davon hat der Mensch ein starkes Bedürfnis nach Gewißheit; er will glauben, daß keine Notwendigkeit zum Zweifel besteht, ob die Methoden, nach denen er sich entscheidet, auch richtig sind. Er würde sogar lieber die «falsche» Entscheidung treffen und sich dabei sicher fühlen als die «richtige» und dann von Zweifeln an ihrer Gültigkeit gequält werden. Dies ist einer der psychologischen Gründe für den menschlichen Glauben an Abgötter und politische Führer: sie nehmen seinen Entscheidungen den Zweifel und das Risiko; das heißt zwar nicht, daß *nach* der Entscheidung sein Leben, seine Freiheit usw. nicht mehr in Gefahr seien, aber es besteht kein Risiko mehr, daß seine Entscheidungs*methode* falsch war.

Viele Jahrhunderte hindurch wurde die Gewißheit durch die Vorstellung eines Gottes garantiert. Gott als Allwissender und Allmächtiger hatte nicht nur die Welt geschaffen, sondern auch Handlungsprinzipien verkündet, über die kein Zweifel bestand. Die Kirche «interpretierte» diese Prinzipien im einzelnen, und der Mensch sicherte sich seinen Platz in der Kirche, indem er ihren Regeln folgte; dann war er gewiß, daß er sich – egal, was geschah – auf dem Weg zur Erlösung und zum ewigen Leben im Himmel befand.[19]

Mit dem Beginn des wissenschaftlichen Denkens und dem Zerbrechen der religiösen Gewißheit sah sich der Mensch zu einer neuen Suche nach Gewißheit gezwungen. Zunächst schien die Wissenschaft eine neue Basis der Gewißheit bieten zu können. Das galt zum Beispiel für die Rationalisten der letzten Jahrhunderte. Doch mit der zunehmenden Verwicklung eines Lebens, das alle menschlichen Proportionen verlor, und mit dem wachsenden Gefühl der individuellen Machtlosigkeit und Isolation hörte der wissenschaftlich orientierte Mensch auf, rational und unabhängig zu sein. Er verlor den Mut, für sich allein zu denken und Entscheidungen nur auf Grund seiner vollen intellektuellen und gefühlsmäßigen Verpflichtung gegenüber dem Leben zu treffen. Er wünschte die «ungewisse Gewißheit», die das rationale Denken geben kann, gegen eine «absolute Gewißheit» einzutauschen – also jene angeblich «wissenschaftliche» Gewißheit, die auf der Vorhersagbarkeit beruht.

Diese Gewißheit wird nicht mehr von den unzuverlässigen Kenntnissen und Gefühlen des Menschen, sondern von den Computern garantiert, die genaue Voraussagen gestatten und dadurch zu Garanten der Gewißheit werden. Nehmen wir als Beispiel die Planung eines Großunternehmens. Mit Computerhilfe kann es auf Jahre im voraus planen – sogar die Manipulationen des menschlichen Geistes und Geschmacks; der jeweilige Geschäftsführer braucht sich nicht mehr auf sein persönliches Urteil zu verlassen, denn er kennt die «Wahrheit», die von den Computern ausgesprochen wird. Seine eigenen Entscheidungen können im Ergebnis falsch sein, aber dem Entscheidungsprozeß braucht er nicht zu mißtrauen. Er glaubt an seine Freiheit, die Ergebnisse der Computervoraussagen anerkennen oder zurückweisen zu können, aber praktisch hat er so wenig Freiheit wie ein frommer Christ, der gegen Gottes Willen handeln wollte. Er könnte es zwar, aber er wäre verrückt, dieses Risiko einzugehen, weil es keinen größeren Quell der Gewißheit gibt als Gott – oder die Computer-Antwort.

Dieses Bedürfnis nach Gewißheit führt dazu, gewissermaßen blindlings an die Wirksamkeit der Computerplanung zu glauben. Die Führungskräfte werden ebenso von ihren Zweifeln befreit wie die Angestellten der Organisation. Gerade die Tatsache, daß menschliche Urteile und Gefühle offenbar *nicht* in den Vorgang der Entscheidungsfindung eingreifen, verleiht der Computerplanung ihre gottähnlichen Eigenschaften.[20]

Auch in der Politik und Strategie von Regierungen wird dieses Planungssystem immer populärer. Das Ideal besteht darin, die Außenpolitik – und sie umfaßt heute auch die militärische Planung – der Launenhaftigkeit des menschlichen Willens zu entziehen und einem Computersystem anzuvertrauen, das die «Wahrheit» sagt, weil es nicht fehlbar ist wie der Mensch und auch keine persönlichen Interessen vertritt. Dieses Ideal einer computergesteuerten Außenpolitik und Strategie setzt voraus, daß alle Tatsachen bekannt sind, in Betracht gezogen und dem Computer zugänglich gemacht werden. Mit diesem Verfahren wird der Zweifel ausgeschlossen, aber nicht unbedingt eine Katastrophe. Und wenn doch eine Katastrophe eintritt, nachdem die Entscheidungen auf Grund von unbezweifelbaren «Tatsachen» getroffen wurden, dann ist sie so etwas wie ein Naturereignis, das man eben ertragen muß, da der Mensch nicht mehr tun kann als die seines Wissens besten Entscheidungen treffen.

Meines Erachtens bilden diese Überlegungen den einzigen Rahmen, in dem man die folgende irritierende Frage beantworten kann: Wie ist es möglich, daß unsere politischen und militärischen Planer die Vorstellung ertragen, an einem gewissen Punkt Befehle geben zu müssen, deren Folge die Vernichtung ihrer eigenen Familien, der Mehrzahl aller Amerikaner und «im besten Falle» eines Großteils der industrialisierten Welt sein muß? Wenn sie sich auf eine Entscheidung verlassen, die scheinbar von den Tatsachen für sie getroffen wurde, ist ihr Gewissen rein. Wie schrecklich die Konsequenzen ihrer Entscheidung auch sein mögen – über die Richtigkeit und Rechtmäßigkeit der Methoden, nach denen sie zur Entscheidung gelangten, brauchen sie sich keine Sorgen zu machen. Sie handeln auf Grund eines Glaubens, der sich nicht wesentlich von dem der Inquisitoren des Heiligen Offiziums unterscheidet. Wie Dostojewskis *Großinquisitor* sind manche vielleicht sogar tragische Gestalten, die nicht anders handeln können, weil sie keine andere Möglichkeit sehen, ganz sicher zu sein, daß sie das Bestmögliche tun. Das angeblich rationale Verhalten unserer Planer unterscheidet sich also kaum von den religiös begründeten Entscheidungen eines vorwissenschaftlichen Zeitalters. Nur eine Einschränkung muß gemacht werden: sowohl die religiöse Entscheidung, also die blinde Unterwerfung unter den Willen Gottes, als auch die Computerentscheidung, also der Glauben an die Logik der «Tatsachen», sind entfremdete Entscheidungen, in denen der Mensch seine eigene Einsicht, Kenntnis, Wißbegier und Verantwortung einem Idol anvertraut – sei es nun Gott oder der Computer. Die humanistische Religion der Propheten kannte keine derartige Selbstaufgabe; die Entscheidung gehörte dem Menschen. Er mußte seine Situation durchschauen, die Alternativen erkennen und dann entscheiden. Wahre wissenschaftliche Rationalität ist nichts anderes. Der Computer kann dem Menschen zwar verschiedene Möglichkeiten vor Augen führen, aber nicht die Entscheidung abnehmen; sie bleibt dem Menschen überlassen, und nicht nur in dem Sinne, daß er zwischen verschiedenen Verhaltensmodellen wählen kann, sondern auch in dem, daß er seinen Verstand gebrauchen und sich zu der Wirklichkeit, mit der er sich beschäftigt, in Beziehung setzen und darauf reagieren muß und daß er aus dem Computer jene Tatsachen anfordert, die vom Standpunkt der Vernunft, und das heißt zur Erhaltung und Förderung der Lebendigkeit des Menschen, wesentlich sind.

Das blinde und irrationale Vertrauen auf die Computerentscheidung wird in der Außenpolitik und der strategischen Planung gefährlich, sobald es von gegnerischen Mächten geübt wird, die jede mit ihrem eigenen Datenverarbeitungssystem arbeiten. Das eine nimmt die Züge des anderen vorweg, plant seine eigenen und entwickelt Szenarios für die x möglichen Züge auf beiden Seiten. Man kann das Spiel in vielerlei Weise anlegen: daß die eigene Seite gewinnt, daß ein Unentschieden herauskommt oder daß beide verlieren. Allerdings hat Harvey Wheeler[21] darauf hingewiesen, daß es das Ende von beiden bedeutet, wenn eine Seite gewinnt. Zwar bezweckt das Spiel ein Unentschieden, aber seine Regeln machen es wenig wahrscheinlich. Beide Spieler geben damit aus Bedürfnis nach Gewißheit das wichtigste diplomatische und strategische Verfahren der Vor-Computerepoche auf: den Dialog mit seiner Möglichkeit des Hin und Her, des offenen oder verschleierten Rückzugs, des Kompromisses oder sogar der Kapitulation, falls dies die einzig rationale Entscheidung sein sollte. Durch die heutige Methode sind der Dialog und all seine Möglichkeiten, einer Katastrophe zu entgehen, ausgeschaltet. Die Handlungsweise der Führer ist fanatisch, weil sie bis zur Selbstzerstörung fortgeführt wird – auch wenn sie im psychologischen Sinne keine Fanatiker sind; denn ihre Handlungen beruhen ja auf einem emotionsfreien Glauben an die Rationalität (Berechenbarkeit) der Computermethoden.

Der «heiße Draht» zwischen Washington und Moskau ist ein ironischer Kommentar zu dieser Methode der unpersönlichen Entscheidungsfindung. Wenn die Computermethode die beiden Mächte offenkundig auf einen Kollisionskurs gebracht hat, den vielleicht keiner von sich aus mehr ändern kann, benutzen beide Seiten das altmodische Mittel des persönlichen Kontakts als Ultima ratio der Politik. Die Krise um die Raketenlieferungen für Kuba wurde durch eine Reihe von persönlichen Fernschreiben zwischen Kennedy und Chruschtschow beigelegt. 1967, zur Zeit des arabisch-israelischen Kriegs, geschah etwas Ähnliches: Der israelische Angriff auf das amerikanische Spionageschiff *Liberty* führte zu einer ungewöhnlichen Aktivität der amerikanischen Luftwaffe. Die Russen beobachteten diese militärischen Bewegungen; wie sollten sie sie deuten – als Vorbereitung für einen Aggressionsakt? An diesem Punkt erläuterte Washington seine Aktivitäten über den heißen Draht nach Moskau, Moskau glaubte die Erklärungen, und eine militärische Konfrontation war vermieden. Der heiße Draht ist ein Anzeichen dafür, daß die Führer des Systems, kurz bevor es zu spät ist, zu Verstand kommen können und daß sie den menschlichen Meinungsaustausch bei gefährlichen Konfrontationen für die zuverlässigere Lösung halten als einen von Computern angeordneten Schachzug. Doch wenn man die gesamte Richtung der Entwicklung mitbedenkt, ist der heiße Draht nur ein schwacher Schutz für das Überleben der Menschheit, da die zwei Spieler den rechten Moment für eine glaubwürdige Erklärung verpassen könnten.

Bislang habe ich nur vom Bedürfnis nach Gewißheit im wirtschaftlichen und politisch-strategischen Bereich gesprochen. Aber unser System befriedigt dieses Bedürfnis auch noch in manch anderer Hinsicht. So wird etwa die Karriere vorhersagbar: die Zensuren von der Elementarschule über die höhere Schule bis zum College gestatten im Verein mit psychologischen Testergebnissen, die Karriere eines Menschen vorherzusagen. Allerdings unterliegt sie dann noch den Fluktuationen des Wirtschaftssystems. Deshalb wird jeder, der die Stufenleiter eines großen Unternehmens hinaufsteigen will, in seinem Leben von einem starken Gefühl der Unsicherheit und Angst belastet; denn er kann an jedem Punkt abstürzen, er könnte das angestrebte Ziel nicht erreichen und in den Augen seiner Familie und seiner Freunde als Versager dastehen. Und diese Angst verstärkt nur seinen Wunsch nach Gewißheit. Wenn er trotz der Gewißheit versagt, die seine Methoden der Entscheidungsfindung ihm bieten, braucht er sich wenigstens nicht selbst die Schuld zu geben.

Dasselbe Bedürfnis nach Gewißheit findet sich auch im Reiche des Denkens, Fühlens und der ästhetischen Wahrnehmung. Durch das Schwinden des Analphabetentums und das Wachsen der Massenmedien lernt heute jeder schnell, welche Gedanken «richtig», welches Benehmen anständig, welches Gefühl normal und welcher Geschmack in Mode ist. Er braucht nur die Hinweise der Massenmedien bereitwillig aufzunehmen, und schon ist er gewiß, keinen Fehler zu machen. Die Modezeitschriften sagen ihm, welchen Schnitt seiner Kleidung er zu schätzen hat, und die Buchklubs, welches Buch er lesen soll, und um dem Ganzen die Krone aufzusetzen, werden jetzt auch die richtigen Ehepartner durch Computerentscheidungen ermittelt.

Unser Zeitalter hat einen Ersatz für Gott gefunden: die unpersönliche Berechnung. Dieser neue Gott hat sich in einen Götzen verwandelt, dem alle Menschen geopfert werden dürfen. Und es entsteht ein neuer Begriff des Heiligen und Unbezweifelbaren; das ist das Berechenbare, Wahrscheinliche und Tatsächliche.

Wir müssen uns jetzt der Frage zuwenden: Was ist eigentlich falsch an der Überzeugung, daß der Computer, wenn wir ihm alle Tatsachen eingeben, die bestmögliche Entscheidung über Handlungen treffen könne?

Was sind Tatsachen? Für sich genommen können sie, selbst wenn sie richtig und nicht persönlich oder politisch gefärbt sind, nicht nur bedeutungslos, sie können durch ihre Auswahl sogar unwahr sein, wenn sie die Aufmerksamkeit vom Wichtigsten ablenken und die eigenen Überlegungen so sehr zerstreuen und zersplittern, daß ein sinnvoller Entschluß um so schwerer fällt, je mehr «Informationen» man bekommen hat. Schon die Auswahl der Tatsachen setzt eine Bewertung und Entscheidung voraus, und darüber muß man sich klar sein, um Tatsachen vernünftig benutzen zu können. Alfred North Whitehead schrieb darüber: «Die Grundlage aller Autorität beruht auf der Überlegenheit der Tatsachen über das Denken. Doch kann diese Gegenüberstellung von Tatsache und Denken falsch verstanden werden. Denn das Denken ist ein wichtiger Faktor in jeder Erfahrungstatsache. Deshalb ist eine unmittelbare Tatsache das, was sie ist, zum Teil kraft des Denkens, das darin steckt.»[22]

Tatsachen müssen *bedeutungsvoll* sein. Aber bedeutungsvoll für was oder für wen? Wenn ich erzählt bekomme, A sei im Gefängnis gewesen, weil er in einer Aufwallung höchster Eifersucht einen Nebenbuhler verwundet habe, bin ich über eine Tatsache informiert worden. Ich kann dieselbe Information umformulieren, indem ich sage: *A* war im Gefängnis, oder *A* war (oder ist) ein gewalttätiger Mensch, oder: *A* war (oder ist) ein eifersüchtiger Mensch; doch all diese Tatsachen besagen sehr wenig über *A*. Vielleicht ist er sehr gefühlsbetont, stolz oder ein Mensch von großer Integrität; vielleicht verschweigt mir die Tatsacheninformation, daß die Augen von *A* aufstrahlen und daß er besorgt und hilfsbereit ist, sobald er mit Kindern spricht. Diese Tatsache wurde vielleicht ausgelassen, weil sie für die Tatsache seines Verbrechens nicht bedeutungsvoll schien; außerdem fällt es bislang den Computern noch schwer, einen bestimmten Ausdruck im Blick eines Menschen zu registrieren oder die feinen Ausdrucksnuancen seines Mundes zu beobachten und zu verarbeiten.

Um es kurz zu sagen: «Tatsachen» sind Deutungen von Ereignissen; und eine Deutung setzt immer bestimmte Werte voraus, an denen die

TATSACHEN

Bedeutsamkeit eines Ereignisses gemessen wird. Es ist entscheidend, daß ich mir über meinen Gesichtspunkt klar bin, denn erst von dorther bestimmt sich, wie die Tatsachen aussehen müssen, damit sie bedeutungsvoll sind. Bin ich ein Freund des Mannes oder ein Kriminalbeamter oder einfach ein Mensch, der den ganzen Menschen in seiner Menschlichkeit erblicken will? Abgesehen von der Klarheit über meinen eigenen Gesichtspunkt müßte ich auch noch alle Einzelheiten der Episode kennen – und selbst dann würden sie mir vielleicht nicht verraten, wie ich seine Tat zu bewerten hätte. Seine Tat zu bewerten ist mir tatsächlich nur möglich, wenn ich ihn selbst in seiner Individualität, seinem Sosein und seinem Charakter kenne – einschließlich jener Charakterzüge, über die er sich selbst vielleicht nicht im klaren ist; aber um wirklich gut informiert zu sein, müßte ich auch mich selbst kennen: mein eigenes Wertsystem, was daran echt und was Ideologie ist, sowie meine selbstsüchtigen und anderen Interessen. Eine Tatsache, die mir rein als Beschreibung vorgelegt wird, kann mich also mehr oder weniger gut informieren; doch bekanntlich besteht die erfolgreichste Art der Verzerrung darin, einfach eine Reihe von «Tatsachen» vorzulegen.

Was für dieses Beispiel gilt, für die Beurteilung einer Episode aus dem Leben eines Menschen, ist noch viel komplizierter und folgenreicher, wenn wir im politischen und sozialen Leben Tatsachen zu beurteilen haben. Wenn wir zum Beispiel als Tatsache hinstellen, daß die Kommunisten in einem fernöstlichen Land Schritte zur Ergreifung der Macht unternehmen, bedeutet dann diese Tatsache, daß sie ganz Südostasien oder daß sie ganz Asien zu erobern drohen? Hieße das letztere, daß sie damit die «Existenz» der Vereinigten Staaten bedrohen? Und heißt Bedrohung der «Existenz» der Vereinigten Staaten nun Bedrohung der physischen Existenz aller Amerikaner oder unseres Sozialsystems oder unserer Rede- und Handlungsfreiheit, oder heißt es einfach, daß die Kommunisten in diesem Gebiet unsere Führungsschicht durch ihre eigene ersetzen wollen? Welche von diesen Möglichkeiten könnte eine mögliche Vernichtung von hundert Millionen Amerikanern oder sogar des gesamten Lebens rechtfertigen oder gar erfordern? Die «Tatsache» der kommunistischen Bedrohung nimmt je nachdem, wie wir die Gesamtstrategie und Planung der Kommunisten bewerten, eine andere Bedeutung an. Aber wer sind die Kommunisten? Die Sowjetregierung, die chinesische Regierung oder wer sonst? Und wer ist die Sowjetregierung? Die Regierung von Kossygin und Breschnjew oder die ihrer Nachfolger, die an die Macht kommen könnten, wenn die gegenwärtige Strategie versagt?

Was ich zeigen will, ist dies: die eine Tatsache, von der wir ausgehen, bedeutet gar nichts ohne die Bewertung des gesamten Systems, also die Untersuchung eines Vorgangs, in den wir, die Beobachter, selbst verwikkelt sind. Gerade die Tatsache, daß wir eine Entscheidung getroffen haben, welche bestimmten Ereignisse wir als Tatsachen auswählen wollen, wirkt auf uns selbst zurück. Denn durch diese Entscheidung haben wir beschlossen, eine bestimmte Richtung einzuschlagen, und dieser Entschluß leitet nun unsere weitere Auswahl der Tatsachen. Dasselbe gilt für unsere Gegner. Auch sie werden durch ihre eigene Auswahl der Tatsachen und genauso durch unsere Auswahl beeinflußt.

Aber nicht nur die Tatsachen selbst sind auf Grund von Wertvorstellungen ausgewählt und geordnet; auch die Programmierung der Computer beruht auf eingebauten und häufig unbewußten Wertbegriffen. Das Prinzip, es sei um so besser, je mehr wir produzieren, ist solch ein Werturteil. Wenn wir statt dessen der Meinung wären, unser System solle zu einem Höchstmaß menschlichen Aktiv- und Lebendigseins führen, würden wir anders programmieren, und es würden andere Tatsachen bedeutungsvoll. Die Illusion der Gewißheit von Computerentscheidungen, die ein großer Teil der Öffentlichkeit und viele Entscheidungsgewaltige teilen, beruht auf den falschen Voraussetzungen, daß erstens Tatsachen objektive «Gegebenheiten» seien und daß zweitens das Programmieren frei von Normen sei.[23]

Jegliches Planen, mit und ohne Computerhilfe, hängt von den Normen und Werten ab, die ihm zugrunde liegen. Das Planen selbst ist einer der größten Fortschritte, den die menschliche Rasse gemacht hat. Aber es kann zum Fluch werden, wenn es ein blindes Planen ist, in dem der Mensch auf eigene Entscheidungen, Werturteile und Verantwortung verzichtet. Wenn Planen dagegen lebendig, ansprechbar und «offen» bleibt, wenn seine menschlichen Zwecke voll bewußt sind und den Planungsprozeß bestimmen, dann wird es ein Segen sein. Der Computer kann Planungsarbeiten beträchtlich erleichtern, aber sein Gebrauch ändert nichts am Grundprinzip eines rechten Verhältnisses von Mitteln und Zwecken; das kann nur sein Mißbrauch.

IV. Was heißt es, menschlich zu sein?

1. Die menschliche Natur und ihre verschiedenen Ausprägungen

Nachdem wir die gegenwärtige Situation des Menschen in der technischen Gesellschaft erörtert haben, führt der nächste Schritt zu einer Untersuchung der Frage, was wir tun können, um die technische Gesellschaft zu humanisieren. Doch vor diesem Schritt müssen wir noch fragen, was es eigentlich bedeutet, menschlich zu sein – wie also jenes menschliche Element beschaffen ist, das wir als einen wesentlichen Faktor im Funktionieren des gesellschaftlichen Systems ansehen müssen.

Dieses Unterfangen geht weit über die «Psychologie» hinaus und sollte wohl eher als «Wissenschaft vom Menschen» bezeichnet werden, eine Disziplin, die sich mit den Feststellungen der Geschichte, Soziologie, Psychologie, Theologie, Mythologie, Wirtschaftswissenschaft und Kunst beschäftigt, sofern sie für ein Verständnis des Menschen bedeutsam sind. Was ich davon in diesem Kapitel darstellen kann, ist notwendigerweise sehr begrenzt. Ich habe mir vorgenommen, nur jene Aspekte zu erörtern, die mir im Zusammenhang unseres Buches und im Hinblick auf die Leser, an die es sich wendet, als die wichtigsten erscheinen.

Der Mensch war und ist leicht zu verleiten, eine bestimmte *Form* des Menschseins als dessen *Wesen* anzusehen. Je nach dem Grade, in dem das geschieht, definiert er seine Humanität im Rahmen der Gesellschaft, mit der er sich identifiziert. Dies war und ist die Regel; aber es hat immer Ausnahmen gegeben, Menschen, die über die Dimensionen ihrer eigenen Gesellschaft hinausblickten; zwar schalt man sie zu ihrer Zeit wohl Narren oder Verbrecher, aber sie bilden in den Aufzeichnungen der menschlichen Geschichte die Gruppe der Großen Menschen; denn sie erblickten etwas, was als universal Menschliches bezeichnet werden kann und nicht mit dem identisch ist, was eine spezielle Gesellschaft für die menschliche Natur hält. Es gab immer Menschen, die kühn und phantasievoll genug waren, über die Grenzen ihrer eigenen gesellschaftlichen Existenz hinauszublicken.

Vielleicht ist es hilfreich, an ein paar Definitionen «des Menschen» zu erinnern, die mit einem Begriff das spezifisch Menschliche zu erfassen versuchen. Der Mensch wurde definiert als *Homo faber* – als Werkzeugmacher. Tatsächlich ist das der Mensch, aber unsere Vorfahren waren, ehe sie im vollkommenen Sinne menschlich wurden, auch schon Werkzeugmacher.[1]

Der Mensch wurde als *Homo sapiens* definiert, aber in dieser Definition hängt alles davon ab, was *sapiens* bedeutet. Wenn das Denken nur zu dem Zweck benutzt wird, bessere Überlebensmöglichkeiten zu entdecken oder etwas Gewünschtes zu erlangen, haben auch die Tiere diese Fähigkeit; hinsichtlich dieser Errungenschaft besteht zwischen ihnen und dem Menschen bestenfalls ein quantitativer Unterschied. Wenn man jedoch mit *sapiens* ein Denken meint, das den Kern der Erscheinungen zu begreifen versucht, das durch die täuschende Oberfläche zum «wirklichen Wirklichen» vordringt und dessen Zweck nicht das Manipulieren, sondern das Verstehen ist, dann wäre Homo sapiens tatsächlich eine richtige Definition des Menschen.

Der Mensch ist als *Homo ludens* definiert worden – als der spielende

Mensch[2]; Spiel meint hier eine zweckfreie Tätigkeit, die über die unmittelbaren Notwendigkeiten des Überlebens hinausgeht. Tatsächlich hat sich der Mensch, von den Höhlenzeichnungen bis in unsere Tage, immer auch mit zweckfreien Tätigkeiten beschäftigt.

Zwei weitere Definitionen des Menschen wären noch hinzuzufügen: erstens der Mensch als *Homo negans*, als «Neinsagenkönner», obschon die meisten ja sagen, sobald ihr Überleben oder ihr Vorteil es verlangen. Vom statistischen Standpunkt aus sollte der Mensch seinem Verhalten entsprechend eher als Jasager bezeichnet werden. Doch unter dem Gesichtspunkt des menschlichen Potentials unterscheidet er sich von allen anderen Lebewesen durch seine Fähigkeit, nein zu sagen und selbst auf Kosten seines physischen Überlebens für Wahrheit, Liebe und Integrität einzustehen.

Eine weitere Definition wäre *Homo sperans* – der hoffende Mensch. Wie ich schon zeigte, ist das Hoffen eine wesentliche Bedingung des Menschseins. Sobald der Mensch alle Hoffnung aufgegeben hat, ist er durchs Tor der Hölle getreten – ob er's nun weiß oder nicht – und hat seine eigene Menschlichkeit hinter sich zurückgelassen.

Die wohl bedeutsamste Definition der Artcharakteristik des Menschen hat Karl Marx gegeben; er versteht sie als «freie bewußte Tätigkeit»[3]; auf den Sinn dieses Begriffs werde ich an späterer Stelle ausführlich zurückkommen.

Wahrscheinlich ließen sich noch mehr derartige Definitionen finden, aber sie werden alle nicht der Frage gerecht, was es bedeutet, menschlich zu sein. Sie betonen jeweils nur bestimmte Elemente des Menschseins und versuchen nicht, eine vollständigere und systematische Antwort zu geben.

Jeder Versuch in dieser Richtung wird sofort dem Einwand begegnen, daß eine solche Antwort im besten Falle kaum mehr als eine metaphysische oder vielleicht auch poetische Spekulation sein kann, aber auf jeden Fall viel eher der Ausdruck einer subjektiven Vorliebe als die Angabe einer definitiv feststellbaren Wirklichkeit. Diese letzten Worte erinnern an den theoretischen Physiker, der von seinen eigenen Begriffsbildungen wie von objektiven Realitäten spricht und dennoch jede endgültige Aussage über die Natur der Materie ablehnt. Tatsächlich ist zur Zeit keine endgültige Aussage möglich, was es bedeutet, menschlich zu sein; vielleicht kann sie niemals gemacht werden, nicht einmal, wenn die menschliche Entwicklung über den gegenwärtigen historischen Zeitpunkt, an dem der Mensch noch kaum begonnen hat, vollkommen menschlich zu sein, weit hinausgelangen sollte. Doch die Skepsis angesichts der Möglichkeit von endgültigen Aussagen über die menschliche Natur bedeutet nicht, daß nicht doch eine Reihe von Aussagen gemacht werden könnte, die wissenschaftlichen Charakter besitzen, das heißt, die aus der Beobachtung von Tatsachen Schlüsse ziehen, die richtig sind, obwohl das

Motiv der Untersuchung der Wunsch nach einem glücklicheren Leben war; das schadet nichts, sondern ist von Nutzen, wie Whitehead feststellte: «Es ist die Aufgabe der Vernunft, die Kunst des Lebens zu fördern.»[4]

Welche Kenntnisse können wir heranziehen, um die Frage zu beantworten, was es bedeutet, menschlich zu sein? Die Antwort kann nicht in der Richtung liegen, wo solche Antworten bisher oft gesucht wurden: daß der Mensch gut oder schlecht ist, liebevoll oder zerstörerisch, leichtgläubig oder selbständig usw. Offenbar kann der Mensch dies alles genau so sein wie musikalisch oder unmusikalisch, für Malerei aufgeschlossen oder farbenblind, ein Heiliger oder ein Schurke. All diese und viele andere Eigenschaften sind verschiedene *Möglichkeiten* des Menschen, die in jedem von uns liegen. Sich vollständig seiner Menschlichkeit bewußt zu sein heißt deshalb, sich klar über das zu sein, was Terenz sagte: *Homo sum; humani nil a me alienum puto* (Ich bin ein Mensch; nichts Menschliches ist mir fremd); daß also jeder die ganze Menschheit in sich trägt, den Heiligen genauso wie den Verbrecher; oder mit einem Gedanken Goethes: daß es kein Verbrechen gibt, bei dem man sich selbst nicht in die Rolle des Täters versetzen könnte. All diese *Ausprägungen der Menschlichkeit* geben keine Antwort auf die Frage, was es bedeutet, menschlich zu sein. Sie zeigen nur, *wie verschieden wir sein können und doch immer noch Mensch bleiben.* Wenn wir wissen wollen, was Menschlichsein bedeutet, dürfen wir also die Antwort nicht im Bereich der verschiedenen menschlichen Möglichkeiten suchen, sondern in den Bedingungen der menschlichen Existenz selbst, aus der sie alle als mögliche Alternativen entspringen. Diese Bedingungen brauchen nicht das Ergebnis metaphysischer Spekulation zu sein, sondern sie können aus der Untersuchung von Feststellungen der Anthropologie, Geschichtswissenschaft, Kinderpsychologie und der Individual- und Sozial-Psychopathologie gewonnen werden.

2. Die Bedingungen der menschlichen Existenz

Wie sehen diese Bedingungen aus? Es sind grundsätzlich zwei, und sie sind miteinander verwandt. Erstens: die Abnahme der Instinktbestimmtheit, je weiter wir uns als Lebewesen fortentwickelt haben; sie erreicht ihren Tiefpunkt beim Menschen, wo sich die Kraft der Instinktbestimmtheit dem Nullpunkt nähert.

Zweitens: die enorme Zunahme der Größe und Komplexität des Gehirns im Vergleich mit dem Körpergewicht; der größere Teil dieser Entwicklung fand in der zweiten Hälfte des Diluviums statt. Dieses stark vergrößerte Großhirn ist die Voraussetzung für Bewußtsein, Phantasie und Fähigkeiten wie Sprache und Zeichenbilden, die für die menschliche Existenz charakteristisch sind.

Dem Menschen fehlt die tierische Instinktausstattung, er ist nicht so gut zum Fliehen oder zum Angriff ausgerüstet wie die Tiere. Und es gibt nichts, das er so unfehlbar wüßte, wie etwa der Lachs weiß, in welchen Fluß er zum Laichen zurückkehren muß, oder wie viele Vögel wissen, wohin sie im Winter in den Süden zu fliegen haben und wohin sie im Sommer zurückkehren können. Seine Entscheidungen werden nicht durch seine Instinkte *für ihn* getroffen. Er muß sie *selbst* treffen, sich *selbst* entscheiden. Er sieht sich vor Alternativen gestellt und geht mit jeder Entscheidung ein Risiko ein. Der Preis, den der Mensch für sein Bewußtsein zahlt, ist die Ungewißheit. Und er kann sie nur dadurch ertragen, daß er sich seiner menschlichen Bedingtheiten bewußt ist und sie akzeptiert und daß er hofft, nicht zu versagen, obwohl er keine Erfolgsgarantie besitzt. Er hat keine Gewißheit und kann nur eines mit Sicherheit voraussagen: «Ich werde sterben.»

Der Mensch wird als ein Mängelwesen der Natur geboren: er lebt in ihr und greift doch über sie hinaus. Er muß selbst Grundsätze des Handelns und Entscheidens finden, um die Prinzipien des Instinkts zu ersetzen. Er muß einen Orientierungsrahmen haben, der ihm den Aufbau eines zusammenhängenden Weltbildes gestattet, denn das ist die Vorbedingung konsequenten Handelns. Er muß nicht nur gegen die Gefahr ankämpfen, zu sterben, zu verhungern oder verletzt zu werden, sondern auch gegen eine andere, spezifisch menschliche Gefahr: verrückt zu werden. Mit anderen Worten: er muß nicht allein dafür sorgen, sein Leben zu erhalten, sondern auch, bei Verstand zu bleiben. Das Menschenwesen, das unter den hier beschriebenen Umständen leben muß, würde tatsächlich verrückt, wenn es kein Bezugssystem fände, das ihm erlaubte, sich in irgendeiner Weise in der Welt zu Hause zu fühlen und der Erfahrung äußerster Hilflosigkeit, Unsicherheit und Wurzellosigkeit zu entkommen. Der Mensch findet vielerlei Lösungen für seine Aufgabe, am Leben und bei Verstand zu bleiben, und manche davon sind besser, andere schlechter. Unter «besser» ist alles zu verstehen, was zu größerer Kraft, Klarheit, Freude und Unabhängigkeit beiträgt; unter «schlechter» das Gegenteil. Doch wichtiger als die Entdeckung einer besseren ist die Entdeckung einer entwicklungsfähigen Lösung.

Aus den vorangegangenen Überlegungen ergibt sich die Frage nach der Formbarkeit des Menschen. Manche Anthropologen und andere Humanwissenschaftler glauben, daß der Mensch unbegrenzt formbar sei. Auf den ersten Blick scheint das auch zu stimmen. Ebenso wie er Fleisch oder Pflanzennahrung oder beides essen kann, kann er als Sklave oder als freier Mensch leben, in Not oder im Überfluß, in einer Gesellschaft, die die Liebe, oder in einer, die die Zerstörung als Wert ansieht. Tatsächlich kann der Mensch fast alles tun, oder besser gesagt: die gesellschaftliche Ordnung kann dem Menschen fast alles antun. Dabei ist das «fast» wichtig. Zwar kann die Gesellschaftsordnung dem Menschen alles antun, sie kann ihn verhungern lassen, ihn foltern, einkerkern oder überfüttern; aber das bleibt nicht ohne Folgeerscheinungen, die sich gerade aus der Bedingtheit der menschlichen Existenz ergeben. Wenn dem Menschen alle Reize und Vergnügen genommen werden, ist er außerstande, qualifizierte Arbeit zu leisten.[5] Und wenn er noch nicht völlig verzweifelt ist, wird er zur Rebellion neigen, sobald man ihn versklavt, oder zur Gewalttätigkeit, wenn das Leben zu langweilig ist; und er wird alle Schöpferkraft verlieren, wenn man ihn zu einer Maschine macht. In dieser Hinsicht unterscheidet der Mensch sich nicht vom Tier oder der unbelebten Materie. Man kann bestimmte Tiere zwar im Zoo unterbringen, aber sie vermehren sich dort nicht; andere werden dort gewalttätig, obwohl sie das in Freiheit nicht sind.[6]

Man kann Wasser über eine bestimmte Temperatur hinaus erhitzen, und es wird Dampf; oder es unter eine bestimmte Temperatur abkühlen, und es wird fest. Aber man kann keinen Dampf erzeugen, indem man die Temperatur herabsetzt. Die Geschichte des Menschen zeigt genau, was man ihm antun kann *und was nicht*. Wenn der Mensch unbegrenzt formbar wäre, hätte es keine Revolutionen gegeben; es wäre kein Wandel eingetreten, weil eine einzige Kultur den Menschen dazu gebracht hätte, sich ohne Widerstand ihren Regeln zu unterwerfen. Aber der Mensch ist nur *relativ* formbar; er hat immer mit Protest auf Bedingungen reagiert, die das Ungleichgewicht zwischen der Gesellschaftsordnung und seinen eigenen menschlichen Bedürfnissen zu drastisch oder unerträglich werden ließen. Der Versuch, ein solches Ungleichgewicht zu verringern, und die Notwendigkeit, eine annehmbarere und erstrebenswertere Lösung zu finden, entspringen genau dem Kern aller Dynamik in der historischen Entwicklung des Menschen. Sein Protest erhob sich nicht nur gegen materielles Leid; spezifisch menschliche Bedürfnisse (die später erörtert werden) sind ein ebenso starker Antrieb für eine Revolution und die Dynamik des Wandels.

3. Das Bedürfnis nach Orientierung und Verbundenheit

Auf die Fragen, die durch die menschliche Existenz gestellt werden, gibt es verschiedene mögliche Antworten. Sie sind von zweierlei abhängig: vom Bedürfnis des Menschen nach einem Orientierungsrahmen und von seinem Bedürfnis nach Verbundenheit mit anderen.

Was befriedigt das Bedürfnis nach einem Orientierungsrahmen? Die bisher vom Menschen am häufigsten bevorzugte Lösung ist auch im Tierreich zu finden: man unterwirft sich einfach einem starken Führer, der – wie man glaubt – schon wissen werde, was für die Gruppe das Beste sei; er macht dann die Pläne, gibt die Befehle und verspricht seinen Anhängern, im besten Interesse aller zu handeln. Um Loyalität gegenüber dem Führer zu erzwingen, oder anders gesagt: um dem Einzelnen genug Glauben an den Führer zu geben, schreibt man ihm Eigenschaften zu, die weit über die seiner Untertanen hinausgehen. Er wird als allmächtig, allwissend und heilig angesehen, oder er ist selbst ein Gott, ein Stellvertreter Gottes oder ein Hoher Priester; er kennt die Geheimnisse der Weltordnung und vollführt die zu ihrem Fortbestand nötigen Rituale. Gewiß haben die Führer gewöhnlich Versprechungen und Drohungen benutzt, um eine völlige Unterwerfung zu erreichen. Aber das ist noch keineswegs alles. Solange der Mensch sich noch nicht sehr weit fortentwickelt hatte, brauchte er wirklich einen Führer und war nur zu bereit, die phantastischen Geschichten zu glauben, mit denen die Legitimität des Königs, Gottes, Vaters, Monarchen, Priesters usw. bewiesen wurde. Dieses Bedürfnis nach einem Führer besteht auch in den aufgeklärtesten Gesellschaften unserer Tage noch weiter. Sogar in Ländern wie den USA oder der Sowjetunion werden Entscheidungen über Leben und Tod aller Bürger einer kleinen Führungsgruppe oder einem einzigen Mann überlassen, der formal im Auftrag der – «demokratisch» oder «sozialistisch» genannten – Verfassung handelt. Aus Sehnsucht nach Gewißheit lieben die Menschen ihre eigene Abhängigkeit, besonders wenn sie ihnen durch einen relativen Wohlstand des materiellen Lebens und durch Ideologien erleichtert wird, die Gehirnwäsche als «Erziehung» und Unterwerfung als «Freiheit» ausgeben.

Es besteht keine Veranlassung, auf das Vorkommen von Herrschaft und Unterwerfung im Tierreich zurückzugreifen, um zu den Wurzeln der menschlichen Unterwerfung zu gelangen. Denn bei gar nicht wenigen Tieren ist sie nicht so extrem oder weitverbreitet wie beim Menschen; die Bedingtheit der menschlichen Existenz würde auch dann noch Unterwerfung erforderlich machen, wenn wir von unserer tierischen Vergangenheit vollkommen absehen könnten. Jedoch mit einem entscheidenden Unterschied: *Der Mensch muß nicht unentrinnbar ein Herdentier sein.* Gerade weil er kein Tier ist, hat der Mensch ein Interesse daran, sich zur Wirklichkeit in Beziehung zu setzen und sich ihrer bewußt zu werden, gewissermaßen die Erde unter den Füßen zu spüren, wie Antaios in der griechischen Sage; der Mensch ist um so stärker, je vollkommener er in Kontakt mit der Wirklichkeit steht. Solange er Herdentier bleibt und seine Wirklichkeit im wesentlichen nur jene Fiktion ist, die seine Gesellschaft zur bequemeren Manipulation der Menschen und Dinge eingeführt hat, so lange ist er als Mensch schwach. Jeder Wandel der Gesellschaftsordnung bedroht ihn mit größter Unsicherheit und sogar Wahnsinn, weil seine gesamte Beziehung zur Wirklichkeit ja über die fiktive Wirklichkeit vermittelt ist, die ihm als real hingestellt wird. Je mehr er dagegen die Wirklichkeit aus eigener Kraft erfassen kann und nicht mehr nur als eine Gegebenheit, die ihm die Gesellschaft liefert, um so sicherer fühlt er sich, weil er damit von der allgemeinen Übereinkunft unabhängig und folglich auch von einem gesellschaftlichen Wandel nicht mehr bedroht wird. Der Mensch hat als Mensch den angeborenen Drang, seine Kenntnis der Wirklichkeit zu vergrößern und damit der Wahrheit näherzukommen. Wir haben es hier nicht mit einem metaphysischen Begriff von Wahrheit zu tun, sondern mit einem Begriff der zunehmenden Annäherung, die eine Abnahme der Fiktion und der Täuschung bedeutet. Im Vergleich mit der Bedeutung dieser Zunahme oder Abnahme des individuellen Wirklichkeitsverständnisses erscheint die Frage, ob es über irgend etwas eine endgültige Wahrheit geben könne, völlig abstrakt und bedeutungslos. Der Vorgang wachsender Bewußtwerdung ist nichts anderes als ein Vorgang des Erwachens: man schlägt die Augen auf und erkennt, was vor einem liegt. Bewußtwerdung heißt also Abschaffung von Illusionen, und dies ist, sofern es gelingt, ein Befreiungsakt.

Trotz des tragischen Mißverhältnisses von Geist und Gefühl, das gegenwärtig in der Industriegesellschaft zu beobachten ist, läßt sich nicht leugnen, daß die Geschichte des Menschen eine Geschichte seiner zunehmenden Bewußtwerdung ist. Dieses Bewußtwerden bezieht sich sowohl auf die Tatsachen der Natur außerhalb seiner selbst als auch auf seine eigene Natur. Zwar trägt der Mensch noch Scheuklappen, aber in vieler Hinsicht hat sein kritischer Verstand schon eine ganze Menge über die Natur des Weltalls und über die Natur des Menschen entdeckt. Er steht noch sehr am Anfang dieses Entdeckungsprozesses, und es ist nun die entscheidende Frage, ob die Zerstörungsgewalt, die sein gegenwärtiges Wissen ihm verliehen hat, gestatten wird, daß er seine Erkenntnisse in einem Maße weiter ausdehnt, das heute noch unvorstellbar ist, oder ob er sich selbst vernichtet, ehe er auf den vorhandenen Grundlagen ein immer erfüllteres Bild der Wirklichkeit errichten kann.

Falls es zu dieser Entwicklung kommen soll, muß eine Bedingung erfüllt sein: die Widersprüchlichkeit und Irrationalität der Gesellschaft, die dem Menschen fast die ganze Geschichte hindurch ein «falsches Bewußtsein» aufgezwungen haben, um je nachdem die Herrschsucht oder die Unterwerfung zu rechtfertigen, müssen verschwinden oder zumindest so weit eingeschränkt werden, daß ein Eintreten für die bestehende Sozialordnung nicht die kritische Denkfähigkeit des Menschen zum Erstarren bringt. Natürlich gibt es hier keine Frage nach erstens und zweitens. Wenn man sich der existierenden Wirklichkeit und der Alternativen für die Verbesserung bewußt ist, hilft man, die Wirklichkeit zu verändern, und jede Verbesserung in der Wirklichkeit hilft einer Klärung des Denkens. Heute, da das rationale wissenschaftliche Denken einen Höhepunkt erreicht hat, bietet die Umwandlung unserer Gesellschaft, die immer noch von der Trägheit früherer Umstände belastet ist, in eine geistig gesunde Gesellschaft auch dem Durchschnittsmenschen die Möglichkeit, seine Vernunft mit derselben Objektivität zu gebrauchen, wie wir es von den Wissenschaftlern gewöhnt sind. Es geht nicht in erster Linie um überlegene Intelligenz, sondern um das Verschwinden der Irrationalität aus dem gesellschaftlichen Leben – jener Irrationalität, die notwendig zu einer Verwirrung des Geistes führt.

Der Mensch hat nicht nur Verstand und braucht dafür seinen Orientierungsrahmen, der ihm gestattet, in der umgebenden Welt einen Sinn zu erkennen und sie zu strukturieren; er hat auch ein Herz und einen Körper, die gefühlsmäßig an die Welt gebunden sein wollen – an den Menschen und an die Natur. Wie schon erwähnt, sind die Bande des Tieres zur Welt vorgegeben und über die Instinkte vermittelt. Der Mensch hebt sich davon durch sein Selbstbewußtsein ab und durch seine Fähigkeit, sich einsam zu fühlen; er wäre ein hilfloses Staubkörnchen im Wind, wenn er keine gefühlsmäßigen Bindungen finden würde, die sein Bedürfnis befriedigen, mit der Welt außerhalb seiner eigenen Person verknüpft und vereinigt zu sein. Doch im Gegensatz zum Tier hat er mehrere Alternativen für eine solche Bindung, und genau wie bei seinem Verstand sind einige besser als andere. Doch was er am nötigsten zur Erhaltung seiner Geistesgesundheit braucht, ist eine Bindung, deren er ganz sicher sein kann. Wer keine solchen Bindungen besitzt, ist per definitionem geisteskrank, nämlich unfähig, irgendwelche Gefühlsbeziehungen zu seinen Mitmenschen aufzunehmen.

Die einfachste und häufigste Form menschlicher Bindung sind die «primären Bindungen» an die eigene Herkunft – an Blut, Boden, Sippe, Mutter und Vater oder, in einer komplexeren Gesellschaft, an seine Nation, Religion oder Klasse. Diese Bindungen sind nicht in erster Linie sexueller Natur, aber sie helfen doch einem Menschen, der noch nicht zu sich selbst herangewachsen ist, sein Gefühl eines unerträglichen Getrenntseins zu überwinden. In welchem Umfang das Problem des menschlichen Getrenntseins durch eine einfache Fortsetzung der «primären Bindungen» gelöst wird, die nur für die Beziehung des Kleinkindes zu seiner Mutter ganz natürlich und notwendig sind, wird offenkundig, wenn wir primitive Kulte untersuchen – ihre Verehrung von Erde, Seen, Bergen oder Tieren und im letzteren Falle häufig die symbolische Identifikation des Einzelnen mit diesen Tieren (Totemtieren). Dasselbe beobachten wir bei den matriarchalischen Religionen, in denen die Große Mutter oder Göttinnen der Fruchtbarkeit und der Erde verehrt werden.[7] Die patriarchalischen Religionen versuchen dagegen anscheinend, diese «primären Bindungen» an die Mutter und die Erde zu überwinden; dort werden der Große Vater, der Gott, der König, der Stammeshäuptling, das Gesetz oder der Staat zum Gegenstand der Verehrung. Zwar muß solch ein Schritt vom matriarchalischen zum patriarchalischen Kult in einer Gesellschaft als Fortschritt betrachtet werden, aber beiden Formen ist gemeinsam, daß sich der Mensch gefühlsmäßig an eine überlegene Autorität bindet, der er blindlings gehorcht. Solange er an die Natur, die

Mutter oder den Vater gebunden bleibt, kann er sich tatsächlich in der Welt zu Hause fühlen; doch er bezahlt diese Sicherheit mit einem enormen Preis: mit Unterwerfung, Abhängigkeit und einer blockierten Entwicklung seiner Vernunft und Liebesfähigkeit. Er bleibt ein Kind, wo er erwachsen werden sollte.[8]

Die primitiven Formen der inzestuösen Bindung an die Mutter, den Boden, die Rasse usw. oder der gutartigen oder bösartigen Ekstasen können nur dann verschwinden, wenn der Mensch eine höhere Form dafür findet, sich in der Welt zu Hause fühlen zu können; wenn sich nicht nur ein Intellekt entwickelt, sondern auch seine Fähigkeit, sich ohne Unterwerfung gebunden zu fühlen – zu Hause, ohne gefangen zu sein, intim, ohne erstickt zu werden. Im gesellschaftlichen Bereich fand diese neue Vorstellung von der Mitte des zweiten bis zur Mitte des ersten Jahrtausends v. Chr. ihren Ausdruck. In dieser wohl bemerkenswertesten Periode der Menschheitsgeschichte wurde die Lösung für die Probleme der menschlichen Existenz nicht mehr in einer Rückkehr zur Natur oder im blinden Gehorsam gegenüber einer Vaterfigur gesucht, sondern in einer neuen Vorstellung davon, wie sich der Mensch in der Welt wieder zu Hause fühlen und seine erschreckende Einsamkeit überwinden kann; er erreicht dies durch die volle Entwicklung seiner menschlichen Kräfte und Fähigkeiten, nämlich lieben zu können, seinen Verstand zu gebrauchen, Schönheit zu schaffen, sich an Schönheit zu erfreuen und seine Menschheit mit allen Mitmenschen zu teilen. Der Buddhismus, das Judentum und das Christentum haben diese neue Vorstellung verkündet.

Die neue Bindung gestattet dem Menschen, sich mit allen Menschen eins zu fühlen, und unterscheidet sich darin wesentlich von der Unterwerfungs-Bindung an Vater und Mutter; es ist das harmonische Band der Brüderlichkeit, bei der die Solidarität und die menschlichen Bindungen weder gefühls- noch verstandesmäßig durch eine Einschränkung der Freiheit beeinträchtigt werden. Aus diesem Grunde ist das Ideal der Brüderlichkeit nicht eine Sache der subjektiven Vorliebe. Es ist die einzige Bindung, die zwei Bedürfnisse des Menschen befriedigt: sich eng verbunden zu fühlen und gleichzeitig frei zu sein, Teil eines Ganzen zu sein und gleichzeitig unabhängig. Diese Lösung ist von vielen Einzelnen und auch von religiösen oder weltlichen Gruppen auf die Probe gestellt worden; und sie alle konnten und können die Bande der Solidarität entwickeln, ohne der Individualität und Unabhängigkeit irgendwelche Schranken zu setzen.

4. Der Überlebenstrieb und was darüber hinausgeht

Damit wir das Dilemma der menschlichen Existenz und die möglichen Auswege daraus vollständig durchschauen können, muß ich noch einen anderen grundlegenden Konflikt erörtern, der in der menschlichen Existenz beschlossen liegt. Da der Mensch einen Körper und körperliche Bedürfnisse hat, die im wesentlichen die gleichen sind wie bei den Tieren, hat er auch einen angeborenen Drang, physisch zu überleben; aber die Methoden, die er dabei benutzt, haben nicht jenen instinktiven, reflexartigen Charakter, wie er in den Tieren hochentwickelt ist. Der Körper zwingt den Menschen dazu, ohne Rücksicht auf die Umstände, sogar ohne Rücksicht auf Glück oder Unglück, Sklaverei oder Freiheit überleben zu wollen. Als Folge davon muß er arbeiten oder andere zwingen, für ihn zu arbeiten. In der Vergangenheit seiner Geschichte verbrachte der Mensch den größten Teil seiner Zeit mit dem Sammeln von Nahrung. Ich benutze den Begriff «Nahrungssammeln» hier in einem sehr weiten Sinne. Beim Tier bedeutet er im wesentlichen, daß Nahrung in der Menge und Qualität gesammelt wird, wie es die Instinktausstattung befiehlt. Beim Menschen dagegen ist allein schon die mögliche Auswahl sehr viel weniger festgelegt; und mehr als nur das: sobald beim Menschen der Zivilisierungsprozeß begonnen hatte, arbeitete er nicht nur, um Nahrung zu sammeln, sondern auch um Kleidung zu bekommen, Unterkünfte zu bauen und, in den weiter fortgeschrittenen Kulturen, um jene vielen Dinge zu produzieren, die für sein physisches Überleben zwar nicht absolut notwendig sind, sich aber genau wie seine realen Bedürfnisse entwickelt haben und die materielle Grundlage für ein Leben bilden, das die Entwicklung von Kultur gestattet.

Wenn der Mensch sich damit zufrieden gäbe, sein Leben lang nur seinen Lebensunterhalt zu verdienen, gäbe es kein Problem. Er hat zwar nicht den Instinkt einer Ameise, aber eine ameisenhafte Existenz wäre trotzdem völlig erträglich. Nun gehört es aber zu den Bedingungen der menschlichen Existenz, daß er sich nicht mit einem Ameisendasein zufriedengibt; neben dem Bereich des biologischen oder materiellen Überlebens gibt es einen für den Menschen charakteristischen Bereich, der jenseits des Überlebens beginnt und den man als trans-utilitaristisch bezeichnen kann.

Was bedeutet das? Da der Mensch Bewußtsein und Phantasie und da er das Potential der Freiheit besitzt, hat er den angeborenen Drang, etwas mehr zu sein als – mit Einsteins Worten – nur ein «Würfel, der aus einem Becher fällt». Er will nicht nur wissen, was er zum Überleben braucht, sondern er will verstehen, was das menschliche Leben eigentlich ist. Er ist das einzige Beispiel für Leben, das sich seiner selbst bewußt ist. Er will von den Fähigkeiten Gebrauch machen, die er im Laufe der Geschichte entwickelt hat und die zu mehr dienen als nur dem Vorgang des biologischen Überlebens. Hunger und Sexualität gehören als rein physiologische Phänomene in den Bereich des Überlebens. (Freuds psychologisches Denksystem leidet unter dem Grundirrtum des mechanistischen Materialismus seiner Zeit; dieser verführte ihn dazu, seine Psychologie auf den Trieben aufzubauen, die dem Überleben dienen.) Aber der Mensch hat daneben Leidenschaften, die spezifisch menschlich sind und über die Aufgaben des Überlebens hinausgreifen.

Niemand hat das deutlicher ausgedrückt als Marx: «Die Leidenschaft, die Passion ist die nach seinem Gegenstand energisch strebende Wesenskraft des Menschen.»[9]

In diesem Satz wird die Leidenschaft als Begriff für eine Beziehung oder Bindung verstanden. Die Dynamik der menschlichen Natur wurzelt, sofern sie wirklich menschlich ist, in erster Linie in diesem Bedürfnis des Menschen, *seine Fähigkeiten in bezug auf die Welt auszudrükken, und nicht in seinem Bedürfnis, die Welt als Mittel zur Befriedigung seiner physiologischen Notwendigkeiten zu benutzen.* Das bedeutet: Weil ich Augen habe, habe ich das Bedürfnis zu sehen; weil ich Ohren habe, habe ich das Bedürfnis zu hören; weil ich einen Verstand habe, habe ich das Bedürfnis zu denken; weil ich ein Herz habe, habe ich das Bedürfnis zu empfinden. Kurz: weil ich ein Mensch bin, brauche ich den Menschen und brauche die Welt. Marx macht sehr klar, was er unter jenen «menschlichen Fähigkeiten» versteht, die zu der Welt auf leidenschaftliche Weise einen Bezug herstellen: «Jedes seiner menschlichen Verhältnisse zur Welt, Sehen, Hören, Riechen, Schmecken, Fühlen, Denken, Anschauen, Empfinden, Wollen, Tätigsein, Lieben, kurz alle Organe seiner Individualität . . . sind in ihrem gegenständlichen Verhalten oder in ihrem Verhalten zum Gegenstand die Aneignung desselben. Die Aneignung der menschlichen Wirklichkeit . . . ist die Betätigung der menschlichen Wirklichkeit . . . Ich kann mich praktisch nur menschlich zu der Sache verhalten, wenn die Sache sich zum Menschen menschlich verhält.»[10]

Sofern also die Antriebe des Menschen trans-utilitaristisch sind, drükken sie ein grundlegendes und spezifisch menschliches Bedürfnis aus: das Bedürfnis, zu anderen Menschen und zur Natur Beziehung zu finden und sich selbst in dieser Bezogenheit bestätigt zu sehen.

Diese zwei Formen der menschlichen Existenz, das Nahrungssammeln zum Zweck des Überlebens im engeren oder weiteren Sinne und die freie, spontane Aktivität als Ausdruck der menschlichen Fähigkeiten und seiner Suche nach Sinn jenseits der utilitaristischen Arbeit, sind dem Menschen eingeboren. Jede Gesellschaft und jeder Mensch hat einen eigenen, besonderen Rhythmus, in dem diese beiden Lebensformen abwechselnd erscheinen. Und nun kommt es darauf an, welche relative Stärke sie haben und welche von ihnen die andere beherrscht.

Sowohl das Handeln wie das Denken haben teil an der Doppelnatur dieser Polarität. Die Aktivität im Bereich des Überlebens nennt man gewöhnlich Arbeit. Das Aktivsein jenseits des Überlebensbereiches umfaßt das sogenannte Spielen und all jene Tätigkeiten, die mit Kult, Ritual oder Kunst verbunden sind. Auch das Denken erscheint in zweierlei Formen: einerseits dient es den Überlebensaufgaben, andererseits der

Erkenntnis im Sinne von Verstehen und intuitivem Begreifen. Diese Unterscheidung zwischen einem Denken zum Überleben und einem, das über das Überleben hinausgreift, ist für das Verständnis des Bewußtseins und des sogenannten Unbewußten sehr wichtig. Denn unser bewußtes Denken hat, weil es mit der Sprache verkettet ist, die Eigenschaft, jenen gesellschaftlichen Kategorien zu folgen, die ihm von der frühesten Kindheit an aufgeprägt werden.[11] Unser Bewußtsein ist im wesentlichen ein Bewußtwerden derjenigen Phänomene, die uns das gesellschaftliche Filter aus Sprache, Logik und Tabus zugänglich macht. Phänomene, die dieses soziale Filter nicht passieren können, bleiben unbewußt oder, genauer gesagt: wir nehmen all das, was zu unserem Bewußtsein nicht durchdringen kann, weil das gesellschaftliche Filter sein Eindringen verhindert, überhaupt nicht wahr. Genau aus diesem Grunde wird das Bewußtsein von der Gesellschaftsstruktur determiniert. Allerdings hat diese Feststellung nur deskriptiven Charakter. Da der Mensch innerhalb einer gegebenen Gesellschaft arbeiten muß, bringt sein Bedürfnis nach Überleben ihn dazu, die gesellschaftlichen Begriffsbildungen anzuerkennen und deshalb das zu unterdrücken, was ihm bewußt werden könnte, wenn sein Bewußtsein von anderen Mustern geprägt worden wäre. Ich kann an dieser Stelle keine Beispiele für diese Hypothese anführen, aber es dürfte dem Leser nicht schwerfallen, bei der Betrachtung anderer Kulturen selbst Beispiele zu finden. Die Denkkategorien des Industriezeitalters heißen: Quantifikation, Abstraktion und Vergleich, Profit und Verlust, Nutzeffekt und Wirkungslosigkeit. Ein Angehöriger der heutigen Konsumgesellschaft braucht zum Beispiel seine sexuellen Begierden nicht zu unterdrücken, weil die Sexualität von den Denkmustern der Industriegesellschaft mit keinem Tabu belegt ist. Ein Angehöriger der Mittelklasse im neunzehnten Jahrhundert dagegen, der geschäftig Kapital ansammelte und investierte, statt es zu verbrauchen, mußte die sexuellen Begierden unterdrücken, weil sie sich nicht mit den Erwerbs- und Akkumulations-Idealen seiner Gesellschaft oder, genauer: der Mittelklasse, vereinbaren ließen. Wenn wir an die mittelalterliche oder die griechische Gesellschaft denken oder an eine Kultur wie die der Pueblo-Indianer, erkennen wir sofort, daß sie sich über ganz andere Aspekte des Lebens, denen ihr gesellschaftliches Filter Einlaß ins Bewußtsein gestattete, überaus klar waren, während einige von unseren tabuiert blieben.

Das bedeutendste Beispiel für eine Situation, in der sich der Mensch um die sozialen Kategorien seiner Gesellschaft nicht zu kümmern braucht, ist der Schlaf. Der Schlaf ist derjenige Zustand seines Seins, in dem er von der Notwendigkeit befreit ist, für sein Überleben sorgen zu müssen. Wachend wird er vor allem von der Überlebensfunktion bestimmt, im Schlaf ist er frei. Folglich unterliegt sein Denken nicht mehr den Denkkategorien seiner Gesellschaft und zeigt jene eigentümliche

Schöpferkraft, die wir in den Träumen entdecken. Im Träumen schafft der Mensch Symbole und gewinnt Einsichten in die Natur des Lebens und seiner eigenen Persönlichkeit, wie er sie unmöglich haben kann, solange er mit Nahrungssammeln und Verteidigung beschäftigt ist. Oft gestattet ihm dieser mangelnde Bezug auf die soziale Wirklichkeit sogar, Erfahrungen zu machen und Gedanken zu denken, die archaisch, primitiv oder bösartig sind; aber auch sie sind authentisch und verkörpern ihn und nicht die Denkmuster seiner Gesellschaft. Im Träumen überschreitet der Einzelne die engen Grenzen seiner Gesellschaft und wird vollkommen menschlich. Aus diesem Grunde hat Freud, obwohl er im wesentlichen nur nach zurückgedrängten Sexualinstinkten suchte, mit seiner Entdeckung der Traumdeutung einen Weg gebahnt für das Verständnis der unzensierten Menschlichkeit, die in uns allen liegt. (Mitunter bringen Kinder, ehe sie durch den Erziehungsprozeß völlig verbildet sind, und auch Psychotiker, die alle Beziehungen zur sozialen Welt abgebrochen haben, Erkenntnisse und schöpferisch-künstlerische Möglichkeiten zum Ausdruck, die der angepaßte Erwachsene nie wieder gewinnen kann.)

Doch das Träumen ist nur ein Spezialfall des trans-utilitaristischen menschlichen Lebens. Seinen Hauptausdruck findet es in Ritualen, Symbolen, Malerei, Dichtung, Drama und Musik. Unser utilitaristisches Denken hat deshalb, vollkommen logisch, versucht, all diese Phänomene in den Dienst der Überlebensfunktion zu stellen (und der Vulgärmarxismus hat sich mitunter zwar nicht in der Form, aber doch im Inhalt mit dieser Art von Materialismus verbündet). Hellsichtigere Beobachter wie Lewis Mumford und andere betonen dagegen, daß die Höhlenzeichnungen in Frankreich und die Ornamente auf primitiven Töpfereien genauso wie die fortgeschritteneren Formen der Kunst keinerlei utilitaristische Zwecke verfolgen. Man könnte sagen, ihr Zweck bestehe darin, nicht dem menschlichen Körper, sondern dem menschlichen Geist zum Überleben zu verhelfen.

Hier liegt die Verbindung zwischen *Schönheit* und *Wahrheit*. Schön ist nicht das Gegenteil von häßlich, sondern von falsch; Schönheit ist die sinnliche Feststellung des Soseins eines Dinges oder einer Person. Das Erschaffen von Schönheit setzt, im Sinne des Zen-Buddhismus, jenen Geisteszustand voraus, in dem man sich leer gemacht hat, um sich mit dem zu füllen und sich in das zu verwandeln, was man porträtiert. «Schön» und «häßlich» sind rein konventionelle Kategorien, die von Kultur zu Kultur etwas anderes bezeichnen. Ein gutes Beispiel für unsere Unfähigkeit, Schönheit richtig zu verstehen, ist die Neigung des Durchschnittsmenschen, einen Sonnenuntergang als Musterbeispiel für Schönheit zu betrachten; als ob Regen oder Nebel nicht genauso schön wären – wenn auch mitunter weniger angenehm für den Körper.

Alle große Kunst steht ihrem Wesen nach in Konflikt mit der Gesellschaft ihrer Zeit. Sie drückt die Wahrheit über die Existenz aus, ohne sich darum zu kümmern, ob diese Wahrheit den Überlebenszwecken der jeweiligen Gesellschaft dienlich ist oder sie behindert. Alle große Kunst ist revolutionär, weil sie die Wirklichkeit des Menschen berührt und weil sie die Wirklichkeit der verschiedenen Übergangsformen der menschlichen Gesellschaft in Frage stellt. Selbst ein politisch reaktionärer Künstler ist – wenn er ein großer Künstler ist – revolutionärer als die Künstler des «sozialistischen Realismus», die nur die speziellen Formen ihrer Gesellschaft und deren Widersprüche abschildern.

Es ist eigentlich erstaunlich, daß die Kunst nicht im ganzen Verlauf der Geschichte von den bestehenden Mächten verboten wurde. Dafür gibt es wohl mehrere Gründe. Zum einen verschmachtet der Mensch ohne Kunst und wird vielleicht für die praktischen Zwecke seiner Gesellschaft unbrauchbar. Zum anderen war der große Künstler durch sein Formgefühl und seine Perfektionslust immer ein «Außenseiter»; er gab zwar Anregungen und brachte Lebendigkeit, aber er war ungefährlich, weil er seine Kunst nicht ins Politische übersetzte. Zudem erreichte die Kunst gewöhnlich nur die gebildeten und politisch weniger gefährlichen Gesellschaftsklassen. Die Künstler waren in der gesamten Geschichte die Hofnarren. Sie durften die Wahrheit sagen, weil sie das in ihrer besonderen, aber gesellschaftlich beschränkten künstlerischen Form taten.

Die Industriegesellschaft unserer Zeit ist stolz darauf, daß Millionen von Menschen die Gelegenheit haben und auch nutzen, vorzügliche Konzerte oder Schallplatten zu hören, in den vielen Museen Kunst zu betrachten und die Meisterwerke der Literatur, von Platon bis Russell, in leicht zugänglichen billigen Ausgaben zu lesen. Zweifellos ist diese Begegnung mit Kunst und Literatur für eine kleine Minderheit auch eine bedeutsame Erfahrung. Für die große Mehrheit jedoch ist «Kultur» einfach ein weiterer Konsumartikel und ein Statussymbol: wer die «richtigen» Bilder gesehen, die «richtige» Musik gehört und viele «gute» Bücher gelesen hat, beweist damit seine Bildung, und das nützt seinem Aufstieg auf der sozialen Stufenleiter. Das Beste aus allen Künsten ist in Konsumartikel verwandelt worden, und das heißt, man reagiert darauf in entfremdeter Weise. Denn dieselben Menschen, die Konzerte besuchen, klassische Musik hören oder einen Platon als Taschenbuch kaufen, sehen sich häufig auch die geschmacklosen und primitiven Fernsehprogramme an, ohne Abscheu zu empfinden. Wenn ihre Kunsterfahrung echt wäre, würden sie den Fernsehempfänger ausschalten, sobald ihnen dort kunstlose, banale «Dramen» vorgesetzt werden.

Trotzdem: die Sehnsucht des Menschen nach dem wirklich Dramatischen, das die Grundlagen der menschlichen Existenz anrührt, ist nicht tot. Zwar sind die meisten «Dramen» im Theater, im Kino oder auf dem Bildschirm entweder unkünstlerische Gebrauchsgüter, oder sie werden in entfremdeter Weise konsumiert; aber das moderne Drama ist primitiv und barbarisch, wo es echt ist.

In unseren Tagen drückt sich die Sehnsucht nach dem Dramatischen am unmittelbarsten in der Anziehungskraft aus, die wirkliche oder erfundene Unfälle, Verbrechen oder Gewalttaten für die meisten Menschen besitzen. Ein Autounfall oder Brand lockt unweigerlich Scharen von Menschen herbei, die mit großer Intensität zuschauen. Warum tun sie das? Weil solch eine elementare Begegnung mit Leben und Tod die Oberfläche der konventionellen Erfahrung durchbricht und Menschen, die nach dem Drama hungern, fasziniert. Aus demselben Grund fördert nichts sicherer den Verkauf von Zeitungen als Berichte über Verbrechen und Gewalttaten. Das griechische Drama oder die Gemälde von Rembrandt werden nur auf der Oberfläche hochgeschätzt; in Wahrheit sind an ihre Stelle Verbrechen, Mord und Gewalttaten getreten, so wie sie auf dem Fernsehschirm direkt gezeigt oder in den Zeitungen berichtet werden.

5. «Humane Erfahrungen»

Der Industriemensch unserer Zeit hat eine intellektuelle Entwicklung durchgemacht, deren Grenzen bisher noch nicht abzusehen sind. Gleichzeitig neigt er dazu, jene Empfindungs- und Gefühlserfahrungen besonders hervorzuheben, die er mit den Tieren gemeinsam hat: sexuelle Begierden, Aggression, Furcht, Hunger und Durst. Die entscheidende Frage lautet deshalb: Gibt es irgendwelche emotionalen Erfahrungen, die spezifisch menschlich sind und nicht dem entsprechen, was nach unserer Kenntnis im Kleinhirn wurzelt? Es wird häufig die Ansicht vertreten, die enorme Entwicklung des Großhirns habe es dem Menschen zwar ermöglicht, seine intellektuelle Aufnahmefähigkeit ständig zu vergrößern; aber sein Kleinhirn sei kaum von dem seiner Vorfahren, der Primaten, zu unterscheiden, er habe sich also in emotionaler Hinsicht kaum weiterentwickelt und könne deshalb mit seinen «Antrieben» bestenfalls durch Repression oder äußeren Zwang fertigwerden.[12]

Meines Erachtens gibt es spezifisch menschliche Erfahrungen, die weder von intellektueller Art noch mit jenen Gefühlserfahrungen identisch sind, welche im großen und ganzen denen der Tiere ähneln. Da ich kein Fachmann für Neurophysiologie bin, kann ich nur die Vermutung äußern,[13] daß ganz bestimmte Beziehungen zwischen dem Großhirn und dem Kleinhirn eine Basis für diese spezifisch menschlichen Gefühle abgeben. Man könnte also die spezifisch menschlichen Gefühlserfahrungen wie Liebe, Zärtlichkeit, Mitleid und alle Affekte, die nicht der Überlebensfunktion dienen, in der Wechselwirkung zwischen Großhirn und Kleinhirn begründet sehen; demgemäß unterschiede sich dann der Mensch vom Tier nicht nur durch seinen Intellekt, sondern durch neue

Gefühlseigenschaften, die aus der Wechselwirkung zwischen dem Großhirn und dem Sitz der tierischen Emotionalität entspringen. Wer sich mit der menschlichen Natur beschäftigt, kann diese spezifisch menschlichen Affekte empirisch beobachten und wird sich nicht dadurch abschrecken lassen, daß die Neurophysiologie diesen Bereich von Erfahrungen bislang noch nicht neurophysiologisch lokalisieren konnte. Wie bei vielen anderen Grundproblemen der menschlichen Natur darf der Humanwissenschaftler auch hier nicht in die Lage geraten, seine eigenen Beobachtungen nur deshalb hintanstellen zu müssen, weil die Neurophysiologie ihm noch kein Grünes Licht gegeben hat. Die Neurophysiologie und die Psychologie haben, wie jede Wissenschaft, ihre eigenen Methoden und beschäftigen sich natürlich mit den Problemen, die sie am vorliegenden Punkt ihrer wissenschaftlichen Entwicklung bewältigen können. Der Psychologe hat nun die Aufgabe, die Neurophysiologen herauszufordern und ihn zu drängen, seine Ergebnisse zu bestätigen oder zu widerlegen; genauso ist es seine Aufgabe, die neurophysiologischen Schlußfolgerungen zur Kenntnis zu nehmen und sich von ihnen anregen und herausfordern zu lassen. Beide Wissenschaften sind noch jung und stehen am Anfang. Sie müssen sich unabhängig entwickeln und dennoch in enger Berührung miteinander bleiben, um sich wechselseitig herauszufordern und anzuregen.[14]

Bei der Erörterung der spezifisch menschlichen Erfahrungen, die ich im Folgenden «humane Erfahrungen» nennen werde, beginnen wir vielleicht am besten mit der Untersuchung der Gier. Sie ist eine verbreitete Eigenschaft von Wünschen, durch die der Mensch zur Erreichung eines bestimmten Ziels *getrieben* wird. Beim nichtgierigen Empfinden wird der Mensch nicht getrieben, ist er nicht passiv, sondern frei und aktiv.

Die Gier kann in zweifacher Weise begründet sein: 1. Durch ein physiologisches Ungleichgewicht, das ein gieriges Bedürfnis nach Essen, Trinken usw. hervorruft. Sobald die physiologische Not befriedigt ist, hört die Gier auf, falls das Ungleichgewicht nicht chronisch ist. 2. Durch ein psychologisches Ungleichgewicht, besonders bei stärkeren Gefühlen der Angst, Einsamkeit, Unsicherheit, Selbstverlorenheit usw.; sie lassen sich durch die Befriedigung bestimmter Begierden, etwa nach Nahrung, sexueller Befriedigung, Macht, Ruhm, Besitz usw., lindern. Diese Art von Gier ist prinzipiell unstillbar, wenn nicht die Angst, Einsamkeit usw. aufhören oder spürbar geringer werden. Der erste Typ von Gier reagiert also auf die Umstände; und der zweite liegt in der Charakterstruktur beschlossen.

Das Gefühl der Gier ist höchst egozentrisch. Ob Hunger, Durst oder sexuelle Begierde – der Gierige will immer etwas ganz für sich allein; und das, wodurch er seine Begierde befriedigt, ist nur ein Mittel zu seinen eigenen Zwecken. Bei Hunger und Durst ist das offenkundig, aber es gilt auch für die gierige Form der sexuellen Erregung, bei der die andere

Person in erster Linie zum *Objekt* wird. Nichtgieriges Empfinden hat dagegen kaum egozentrische Züge. Die jeweilige Erfahrung wird hier nicht benötigt, um das eigene Leben zu erhalten, die Angst einzudämmen oder das eigene Ich zu befriedigen oder zu bestärken; sie dient nicht der Lösung einer starken Spannung, sondern beginnt erst genau in dem Augenblick, da die Notwendigkeit im Sinne des Überlebens oder der Angstbeschwichtigung vorüber ist. Beim nichtgierigen Empfinden kann der Mensch sich locker lassen: er hält sich nicht zwanghaft fest an dem, was er hat oder haben will, sondern er ist offen und reaktionsfähig.

Eine sexuelle Erfahrung kann einfach sinnlich lustvoll sein – ohne die Tiefe der Liebe, aber auch ohne einen merklichen Grad von Gier. Die sexuelle Erregung ist physiologisch begründet, und sie kann zu einer menschlichen Vertrautheit führen oder auch nicht. Das Gegenteil dieser Art des sexuellen Begehrens ist durch die umgekehrte Reihenfolge gekennzeichnet, nämlich, daß die Liebe das sexuelle Begehren hervorruft. Konkreter gesagt: ein Mann und eine Frau empfinden ein tiefes Gefühl der Liebe füreinander – das bedeutet Besorgnis, Kenntnis, Vertrautheit und Verantwortlichkeit –, und diese tiefe menschliche Erfahrung erweckt den Wunsch nach physischer Vereinigung. Offenbar kommt diese zweite Art des sexuellen Begehrens häufiger – wenn auch nicht ausschließlich – unter Menschen vor, die über die Fünfundzwanzig hinaus sind; und ebenso offenkundig ist dies die Grundlage für ein Fortbestehen der sexuellen Anziehung in monogamen menschlichen Beziehungen von langer Dauer. Wo von dieser Art der sexuellen Erregung nicht die Rede sein kann, ist es (abgesehen von sexuellen Perversionen, die durch ihre individuelle Natur zwei Menschen ein Leben lang verbinden können) nur natürlich, daß die rein physiologische Erregung eher die Abwechslung und neue sexuelle Erfahrungen sucht. Aber beide Arten der sexuellen Erregung unterscheiden sich grundlegend von der gierigen, die im wesentlichen durch Angst oder Narzißmus bestimmt ist.

Die Unterscheidung zwischen gieriger und «freier» Sexualität ist zwar schwierig, aber sie muß gemacht werden. Sie ließe sich auch darstellen – in einem Band, der bei der Beschreibung sexueller Beziehungen so weit ins einzelne gehen müßte wie Kinsey und Masters, aber dabei die Enge ihrer Beobachtungsgesichtspunkte überwinden müßte. Doch glaube ich nicht, daß wir auf die Fertigstellung eines solchen Buches zu warten brauchen. Jeder, der sich den Unterschied klarmacht und darauf aufmerksam wird, kann die verschiedenen Arten von Erregung an sich selbst beobachten; und wer im Sexuellen ein wenig mehr experimentiert hat, als es in der Mittelklasse der Viktorianischen Zeit der Fall war, dürfte ein reiches Anschauungsmaterial besitzen. Ich sagte, er oder sie *dürfte* es besitzen, denn leider hat die zunehmende sexuelle Experimentierlust bisher für die qualitativen Unterschiede der sexuellen Erfahrung noch nicht genügend den Blick geschärft; aber es gibt sicherlich eine beträchtliche Anzahl von Menschen, die beim Nachsinnen über diese Probleme die Richtigkeit der Unterscheidung bestätigen.

Wir können jetzt zur Erörterung einiger anderer «humaner Erfahrungen» übergehen, ohne daß für die folgenden Beschreibungen irgendwelche Vollständigkeit beansprucht würde. Verwandt mit der nichtgierigen sexuellen Begierde, aber auch davon unterschieden, ist die *Zärtlichkeit.* Da sich Freuds Psychologie ausschließlich mit «Trieben» beschäftigt, mußte er die Zärtlichkeit notwendig als ein Ergebnis des Geschlechtstriebes deuten: als zielgehemmte sexuelle Begierde. Seine Theorie erfordert eine solche Definition, aber die Beobachtung weist eher darauf hin, daß sich das Phänomen der Zärtlichkeit nicht als zielgehemmte, sexuelle Begierde erklären läßt. Es ist eine Erfahrung sui generis, die vor allem dadurch gekennzeichnet wird, daß sie frei von Gier ist. In der Erfahrung der Zärtlichkeit will man von dem anderen Menschen gar nichts, nicht einmal eine Erwiderung. Sie hat kein bestimmtes Ziel, nicht einmal das der relativ nichtgierigen Sexualität, nämlich den abschließenden physischen Höhepunkt. Sie ist weder auf ein Geschlecht noch auf ein bestimmtes Alter beschränkt. Und sie läßt sich, im Vergleich mit allen anderen Erfahrungen, am schwersten in Worten beschreiben, es sei denn vielleicht in einem Gedicht. Sie findet ihren vollkommensten Ausdruck in der Art, wie ein Mensch einen anderen berührt oder anblickt, und im Ton der Stimme. Man kann feststellen, daß sie in der Zärtlichkeit wurzelt, die eine Mutter für ihr Kind empfindet; aber die spätere menschliche Zärtlichkeit überschreitet bei weitem die der Mutter zum Kind, weil sie von der biologischen Bindung an das Kind und von der narzißtischen Komponente der Mutterliebe völlig frei ist. Sie ist nicht nur frei von Gier, sondern frei von Eile und Zweckhaftigkeit. Von allen Gefühlen, die der Mensch im Laufe seiner Geschichte in sich entwickelt hat, übertrifft wohl keines die Zärtlichkeit in der Reinheit des einfachen Menschseins.

Mitleid und *Einfühlungsvermögen* sind zwar unverkennbar mit der Zärtlichkeit verwandt, aber nicht völlig identisch damit. Das Wesen des Mitleids ist, daß man «mit leidet» oder, in einem weiteren Sinne, mit einem anderen Menschen fühlt. Das heißt, man sieht den Menschen nicht von außen, nicht als Objekt (im deutschen Wort Gegenstand ist das «gegen» nicht zu übersehen) seines Interesses oder seiner Sorge, sondern man versetzt sich in ihn hinein. Ich erfahre also in mir selbst, was er erfährt. Diese Verbundenheit verläuft nicht vom «ich» zu einem «du», sondern sie ist gekennzeichnet durch den Satz: Ich bin du (tat twam asi). Mitleid oder Einfühlungsvermögen bedeutet, daß ich in mir erfahre, was der andere erfährt, und daß wir in dieser Erfahrung eins sind. Jede Kenntnis eines anderen Menschen ist nur dann wirkliche Erkenntnis, wenn sie darauf beruht, daß ich in mir selbst erfahre, was er erfährt. Wenn dies nicht der Fall ist und der andere ein Objekt bleibt, weiß ich vielleicht viel *über ihn,* aber ich *kenne ihn* nicht.[15] Goethe hat diese Art der Erkenntnis sehr bündig so ausgedrückt: «Der Mensch kennt nur sich selbst in sofern er die Welt kennt, die er nur in sich und sich nur in ihr gewahr wird. Jeder neue Gegenstand, wohl beschaut, schließt ein neues Organ in uns auf.»[16]

Die Möglichkeit dieser Art von Erkenntnis beruht auf einer Überwindung der Kluft zwischen dem beobachtenden Subjekt und dem beobachteten Objekt, und sie setzt natürlich jenen humanistischen Grundsatz voraus, den ich bereits erwähnt habe, nämlich, daß jeder Mensch die ganze Menscheit in sich trägt; daß wir also im Innersten unserer selbst – wenn auch in verschiedenem Grade – Heilige und Verbrecher sind; und daß es deshalb in einem anderen Menschen nichts gibt, was wir nicht als Teil unserer selbst empfinden könnten. Deshalb müssen wir uns von der Einengung befreien, nur mit uns vertrauten Menschen in Beziehung zu stehen, die vielleicht unsere Blutsverwandten sind oder, in einem weiteren Sinne, dasselbe essen, dieselbe Sprache sprechen und denselben «gesunden Menschenverstand» haben. Wenn wir – mitleidend und mitfühlend – die Menschen wirklich kennen wollen, müssen wir die einengenden Bande unserer jeweiligen Gesellschaft, Rasse oder Kultur abwerfen und in die Tiefe der menschlichen Wirklichkeit vorstoßen, in der wir alle nichts anderes als Menschen sind. Das wahre Mitleid und die wahre Menschenkenntnis sind als revolutionäre Faktoren der Entwicklungsgeschichte des Menschen bisher in demselben großen Maße unterschätzt worden wie die Kunst.

Es ist eine bemerkenswerte Erscheinung, daß in der Entwicklung des Kapitalismus und seiner Ethik das Mitleid (oder Erbarmen), das in der katholischen Welt des Mittelalters zu den Kardinaltugenden gehörte, überhaupt keine Tugend mehr ist. (Unter den Tugenden, die zum Beispiel Benjamin Franklin aufzählt, werden Mitleid, Liebe und Erbarmen nicht einmal mehr erwähnt.) Die neue ethische Normvorstellung heißt «Fortschritt», und darunter wird im wesentlichen der wirtschaftliche Fortschritt verstanden, also das Wachstum der Produktion und die Entwicklung eines immer wirkungsvolleren Produktionssystems. Alle menschlichen Eigenschaften, die dem «Fortschritt» dienen, sind tugendhaft; alles was ihn hindert, gilt als «sündig». Nun dient aber das Mitleid keineswegs dem «Fortschritt», sondern es behindert ihn sogar. Ob bei der skrupellosen Ausbeutung der Arbeiter im neunzehnten Jahrhundert, bei der Vernichtung eines Konkurrenten oder bei der Werbung für nutzlose Waren – immer steht das Mitleid der Verfolgung des «Fortschritts» im Wege. Deshalb kann es keine Tugend mehr sein, sondern wird als Sentimentalität oder schlichte Dummheit betrachtet. Sobald die Verfolgung des Fortschritts als zentrale ethische Norm gilt, kann der Mensch ein «gutes Gewissen» haben, wenn er sich dabei mitleidslos und unmenschlich verhält. Diese Entwicklung fand ihre höchste Ausprägung nach dem Ersten Weltkrieg. Während des Krieges war der Einsatz unbeschränkter Gewalt zur Erreichung politischer Zwecke noch durch Mitleids-Überlegungen eingeschränkt, die es verboten, unbewaffnete Zivilisten zu töten. Seitdem sind solche Überlegungen nahezu ganz verschwunden. Die großangelegte Vernichtung der Zivilbevölkerung durch Luftangriffe während des Zweiten Weltkriegs, die Ermordung unkriegerischer Bauern in Vietnam, der Gebrauch der Folter unter Hitler und Stalin sowie in Algerien, Brasilien und Vietnam beweisen das völlige Verschwinden des Mitleids bei der Verfolgung politischer und wirtschaftlicher Ziele. Was wie eine Zunahme der Grausamkeit aussieht, ist in großem Maße ein Schwinden des Mitleids.

In der modernen Industriegesellschaft sind mitleidige Taten durch philantropische Akte ersetzt worden – dies ist die bürokratisch organisierte, entfremdete Form der Gewissensberuhigung. Als Ersatz für Mitleid spendet man Geld, das häufig mitleidslos brutal verdient wurde. Sogar der schärfere Sinn für soziale Gerechtigkeit, der zum Wohlfahrtsstaat geführt hat, ist keineswegs ein Ausdruck des Mitleids. Er entspringt sehr unterschiedlichen Beweggründen: dem Bedürfnis nach einem wachsenden Konsumentenkreis, dem politischen Druck der Armen (und indirekt einer Furcht vor Revolution) sowie dem zunehmenden Sinn für demokratische Gleichheit in den Industrieländern; einzig das Mitleid gehört anscheinend nicht unter die Beweggründe.

Zärtlichkeit, Liebe und Mitleid sind vollkommene Gefühlserfahrungen und werden als solche auch allgemein anerkannt. Ich möchte jetzt auf einige «humane Erfahrungen» zu sprechen kommen, die nicht so eindeutig als Gefühle bezeichnet, sondern weit häufiger Haltungen genannt werden. Der Hauptunterschied gegenüber den bislang untersuchten Erfahrungen liegt darin, daß sie nicht dieselbe direkte Bezogenheit auf einen anderen Menschen zum Ausdruck bringen, sondern eher Erfahrungen sind, die man in sich selbst macht und erst in zweiter Linie auf andere Menschen anwendet.

Die erste Erfahrung, die ich aus dieser zweiten Gruppe beschreiben möchte, ist das «Interesse». Dieses Wort hat heute viel von seiner Bedeutung verloren. Wenn man sagt, «ich interessiere mich» für dies oder das, bedeutet das fast dasselbe wie «ich habe darüber keine sehr entschiedene Meinung, aber es ist mir auch völlig gleichgültig». Dieses Wort gehört also zu den Tarnbegriffen, die mangelnde Intensität verbergen und so vage sind, daß sie fast alles bezeichnen können, vom Interesse an einer bestimmten Aktie bis zum Interesse für ein Mädchen. Doch solch ein gar nicht so seltener Bedeutungsverfall darf uns nicht davon abhalten, Wörter in ihrer ursprünglichen und tieferen Bedeutung zu benutzen und ihnen dadurch ihre Würde wiederzugeben. Interesse stammt von dem lateinischen Verb *interesse*, dazwischen-sein. Wenn ich interessiert bin, muß ich mein Ich überschreiten, offen sein für die Welt und in sie hineinspringen. Interesse hat seinen Grund im Aktivsein. Es ist eine relativ konstante Haltung, die einem in jedem Augenblick gestattet, die Außenwelt geistig, gefühlsmäßig und sinnlich zu erfassen. Der interessierte Mensch wird für andere interessant, weil Interesse ansteckend ist und auch in denen Interesse erweckt, die es ohne Anstoß nicht aufbringen könnten. Die Bedeutung des Interesses wird noch klarer, wenn wir sein Gegenteil betrachten: die Neugier. Ein neugieriger Mensch ist grundsätzlich passiv. Er will mit Kenntnissen und Empfindungen gefüttert werden und kann nie genug davon bekommen, weil ihm die Informationsmenge als Ersatz für die Tiefenqualität der Erkenntnis dient. Die wichtigste Technik zur Befriedigung der Neugier ist der Klatsch – vom Kleinstadtklatsch der Frau, die am Fenster sitzt und durch ein Fernglas beobachtet, was um sie herum vorgeht, bis zu dem etwas entwickelteren Klatsch, der die Zeitungsspalten füllt; Klatsch gibt es in Fakultätssitzungen von Professoren genauso wie bei Direktionsbesprechungen der Bürokratie oder auf den Cocktail-Parties der Schriftsteller und Künstler. Neugier ist ihrer Natur nach unersättlich, weil sie, außer beim verleumderischen Klatsch, niemals wirklich fragt: wer ist der andere Mensch?

Das Interesse dagegen kann sich auf viele Gegenstände richten, auf Menschen, Pflanzen, Tiere, Ideen oder soziale Strukturen; und es hängt in gewissem Maße vom Temperament und dem spezifischen Charakter des Menschen ab, worauf sich sein Interesse richtet. Trotzdem bleiben die Objekte sekundär. Interesse ist eine allesdurchdringende Haltung, eine Form der Bezogenheit zur Welt; in einem sehr weiten Sinne könnte man es als Interesse des lebenden Menschen an allem Lebendigen und Wachsenden definieren. Selbst wenn dieser Interessenbereich in einem bestimmten Menschen schmal erscheint, wird sein Interesse, sofern es echt ist, ohne Mühe auch für andere Gebiete zu erregen sein, weil er eben ein interessierter Mensch ist.

Eine andere «humane Erfahrung» die hier betrachtet werden muß, ist die Verantwortung. Auch dieses Wort hat seine ursprüngliche Bedeutung verloren und wird gewöhnlich als Synonym für Pflicht gebraucht. Pflicht ist jedoch ein Begriff aus dem Bereich der Unfreiheit, während Verantwortung in den Bereich der Freiheit gehört.

Diese Unterscheidung zwischen Pflicht und Verantwortung entspricht der Unterscheidung zwischen dem autoritären und dem humanistischen Gewissen. Das autoritäre Gewissen läuft im wesentlichen auf die Bereitschaft hinaus, allen Befehlen der Autoritäten zu folgen, denen man sich unterworfen hat; es ist ein glorifizierter Gehorsam. Das humanistische Gewissen dagegen ist die Bereitschaft, auf die Stimme der eigenen Humanität zu hören, und es ist unabhängig von Befehlen, die irgend jemand anderer gibt.[17]

Zwei weitere Arten der «humanen Erfahrungen» sind mit Begriffen wie Gefühl, Affekt oder Haltung nur schwer zu erfassen. Doch wie wir sie klassifizieren, hat wenig Bedeutung, da alle derartigen Klassifikationen auf traditionelle Unterscheidungen zurückgehen, deren Gültigkeit fraglich ist. Ich meine den Sinn für *Identität* und *Integrität*.

In den letzten Jahren ist das Identitätsproblem sehr stark in den Vordergrund der psychologischen Erörterungen gerückt, und zwar besonders durch die ausgezeichneten Arbeiten von Erik Erikson. Er spricht von der «Identitätskrise» und hat damit zweifellos eines der größten psychologischen Probleme der Industriegesellschaft berührt. Doch ist er meines Erachtens nicht so weit vorgedrungen, wie es zu einem vollen Verständnis der Phänomene Identität und Identitätskrise notwendig wäre. Die Industriegesellschaft verwandelt die Menschen in Dinge, und Dinge haben keine Identität. Oder vielleicht doch? Ist nicht jedes Ford-Auto eines bestimmten Jahrgangs und Modells identisch mit jedem anderen Ford-Auto desselben Jahrgangs und Modells? Hat nicht jede Dollarnote eine Identität. Sie ist anderen insofern gleich, als sie die gleiche grafische Gestaltung, den gleichen Geldwert und den gleichen Gebrauchswert besitzt, aber sie unterscheidet sich von den anderen vielleicht durch den Grad ihrer Abnutzung. *Dinge* können tatsächlich gleich oder verschieden sein. Wenn wir jedoch von Identität sprechen, meinen wir eine Eigentümlichkeit, die nicht von Dingen ausgesagt werden kann, sondern nur vom Menschen.

Was ist also Identität im *menschlichen* Sinne? Aus den zahlreichen Versuchen, diese Frage annähernd zu beantworten, möchte ich nur eine Vorstellung herausheben: Identität ist jene Erfahrung, die einem Menschen gestattet, mit vollem Recht «ich» zu sagen; dabei wird das «Ich» als ein organisierendes, aktives Zentrum der Struktur meiner gesamten tatsächlichen oder möglichen Tätigkeiten begriffen. Eine solche Ich-Erfahrung entsteht nur während einer spontanen Aktivität, nicht aber im Zustand des Passivseins oder des Halbwachens; in diesem Zustand sind die Menschen nur wach genug, um ihrer Beschäftigung nachzugehen, aber nicht wach genug, um ein «Ich» als aktives Zentrum in sich zu spüren.[18] Dieser Begriff des «Ich» ist wohl zu unterschieden vom Begriff des Ego. (Ich benutze diesen Begriff so, wie er umgangssprachlich in den Wörtern «egoistisch» oder «egozentrisch» verstanden wird.) Die Erfahrung meines Ego ist dadurch gekennzeichnet, daß ich mich selbst als Ding erfahre: als der Körper, den ich habe, als das Gedächtnis, das ich habe, oder als das Geld, das Haus, die soziale Stellung, die Macht, die Kinder, die Probleme, die ich *habe*. Ich betrachte mich selbst als ein Ding und sehe auch meine soziale Rolle nur als ein weiteres Attribut meiner Dinghaftigkeit an.

Die Identität des Ego wird nur zu leicht mit der Identität des «Ich» oder Selbst verwechselt, aber der Unterschied ist grundlegend und unverkennbar: Jede Erfahrung des Ego und der Ego-Identität gründet auf der Vorstellung des Habens. Ich *habe* mich, so wie ich alle anderen Dinge habe, die ich besitze. Die Identität des «Ich» oder Selbst verweist dagegen auf die Kategorie des Seins und nicht auf die des Habens. Ich bin «ich» nur in dem Ausmaße, wie ich lebe, mich interessiere oder in Beziehungen trete, also aktiv bin; nur in dem Maße, wie ich meine Erscheinung – anderen und mir selbst gegenüber – mit dem Kern meiner Persönlichkeit vereinbaren kann. Die Identitätskrise unserer Zeit beruht im wesentlichen auf der zunehmenden Entfremdung und Verdinglichung des Menschen, und sie kann nur dadurch überwunden werden, daß der Mensch wieder lebendig und wieder aktiv wird. Es gibt keinen psychologischen Abkürzungsweg, auf dem man die Identitätskrise überwinden könnte – das vermag nur die grundlegende Umwandlung des entfremdeten Menschen in einen lebenden Menschen.[19]

Die zunehmende Betonung des Ego im Gegensatz zum Selbst, des Habens im Gegensatz zum Sein, findet überdeutlichen Ausdruck in der Entwicklung unserer Sprache. Es ist völlig üblich geworden, «meine Schlaflosigkeit» zu sagen statt «ich kann nicht schlafen»; «ich habe ein Problem» statt «ich fühle mich traurig, verwirrt» oder was es gerade sein mag; «unsere glückliche (mitunter sogar: erfolgreiche) Ehe» statt «meine Frau und ich lieben uns.» Alle Kategorien des Seins werden in Kategorien des Habens verwandelt. Das statische und unbewegte Ego setzt sich zur Welt in Beziehung, indem es Objekte hat, während das Selbst sich durch den Vorgang der Teilnahme zur Welt in Beziehung setzt. Der moderne Mensch *hat* alles: ein Auto, ein Haus, einen Beruf, Kinder, eine Ehe, Probleme, Ärger, Befriedigungen – und wenn das alles nicht genügt, hat er seinen Psychoanalytiker. Er *ist* nichts.

Integrität ist ein Begriff, der den der Identität voraussetzt. Er kann hier kurz behandelt werden, denn Integrität bedeutet einfach, daß man auf keine der vielen möglichen Weisen die eigene Identität zu verletzen bereit ist. Die größte Versuchung, die eigene Identität zu verletzen, liegt heute in den Aufstiegschancen innerhalb der Industriegesellschaft. Da das Leben in der Gesellschaft den Menschen ohnehin dazu verleitet, sich selbst als Ding zu betrachten, ist schon ein Sinn für Identität eine Seltenheit. Doch das Problem wird noch viel verwickelter, weil neben der gerade beschriebenen, bewußten Identität eine Art unbewußter Identität zu beobachten ist. Das will sagen: viele Menschen haben sich vielleicht bewußt in Dinge verwandelt, aber unbewußt bewahren sie sich einen Sinn ihrer eigenen Identität, weil der Sozialisierungsprozeß sie nicht völlig in Dinge verwandeln konnte. Wenn diese Menschen der Versuchung nachgeben, ihre eigene Integrität zu verletzen, kann sich bei ihnen ein Schuldgefühl entwickeln, das zwar unbewußt bleibt, aber ein deutliches Gefühl des Unbehagens hervorruft, über dessen Grund sie sich häufig nicht im klaren sind. Die orthodoxe Psychoanalyse macht es sich zu leicht, wenn sie Schuldgefühle als Ergebnis von inzestuösen Wünschen oder «unbewußter Homosexualität» deutet. Die Wahrheit sieht anders aus: solange ein Mensch in psychologischem Sinne noch nicht völlig abgestorben ist, fühlt er sich schuldig, wenn er ohne Integrität lebt.

Unsere Betrachtung der Identität und Integrität bedarf einer Ergänzung; zumindest ganz kurz muß noch eine weitere Haltung erwähnt werden, die Monsignore W. Fox sehr treffend als *Verletzlichkeit* bezeichnet hat. Der Mensch, der sich selbst als Ego erfährt und dessen Identitätssinn auf eine Ego-Identität bezogen ist, will natürlich dieses Ding beschützen – sich, seinen Körper, sein Gedächtnis, seine Erinnerungen, seinen Besitz usw., aber auch Meinungen und Gefühlsinvestitionen, die zum Bestandteil seines Ego geworden sind. Er ist dauernd in Verteidigungsbereitschaft gegen jedermann und jegliche Erfahrung, die in die Beständigkeit und Festigkeit seiner mumifizierten Existenz Unruhe bringen könnte. Im Gegensatz dazu gestattet sich ein Mensch, der sich selbst nicht als einen Habenden, sondern als Seienden erfährt, verletzlich zu sein. Ihm gehört nichts – er *ist*, indem er lebt. Deshalb kann er jeden Augenblick, in dem er seinen Aktivitätssinn verliert oder unkonzentriert ist, in die Gefahr kommen, weder etwas zu haben noch jemand zu sein. Und dieser Gefahr kann er nur durch ständige Aufmerksamkeit, Wachheit und Lebendigkeit entgehen; insofern ist er verletzlich, während der Ego-Mensch sicher ist, weil er *hat*, ohne zu *sein*.

Ich müßte jetzt die Hoffnung, den Glauben und die Tapferkeit als weitere «humane Erfahrungen» erörtern; aber da ich sie schon ausführlich im ersten Kapitel behandelt habe, kann ich an dieser Stelle darauf verzichten.

Die Betrachtung aller Erscheinungsformen der «humanen Erfahrungen» bliebe jedoch sehr unvollständig, wenn nicht ein Phänomen explizit gemacht würde, das implizit in all diesen Erfahrungen liegt: die *Transzendenz*. Dieser Begriff wird gewöhnlich in religiösem Sinne benutzt, und er bezeichnet dann eine Überschreitung der menschlichen Dimensionen, um zur Erfahrung des Göttlichen zu gelangen. In einem theistischen Bezugssystem ist solch eine Definition auch berechtigt; von einem nicht-theistischen Standpunkt aus läßt sich dagegen die Gottesvorstellung als ein poetisches Symbol verstehen – als Symbol für den Akt des Heraustretens aus dem Gefängnis des Ego und für die Erlangung der Freiheit, der Welt gegenüber offen zu sein und mit ihr in Beziehung zu stehen. Wenn wir also nicht im theologischen Sinne von Transzendenz sprechen, ist auch die Vorstellung eines Gottes nicht nötig. Doch die psychologische Realität bleibt die gleiche. Denn die Grundlage für Liebe, Zärtlichkeit, Mitleid, Interesse, Verantwortung und Identität ist das Sein, nicht etwa das Haben, und dies bedeutet: die Transzendierung des Ego. Es geht darum, das Ego abzuwerfen, die Gier aufzugeben, sich leer zu machen, um sich füllen zu können, sich arm zu machen, um reich zu sein.

In unserem Wunsch nach physischem Überleben gehorchen wir dem biologischen Antrieb, der uns seit der Entstehung der lebendigen Materie aufgeprägt und in den Jahrmillionen der Entwicklung erhalten geblieben ist. Der Wunsch nach einer trans-utilitaristischen Lebendigkeit ist dagegen eine Schöpfung des historischen Menschen – seine Alternative zu Verzweiflung und Zusammenbruch.

Diese Erörterung der «humanen Erfahrungen» findet nun ihren Höhepunkt in der Feststellung, daß die *Freiheit* unabdingbar zum vollkommenen Menschlichsein gehört. Sobald wir den Bereich des physischen Überlebens verlassen und nicht mehr von Furcht, Ohnmacht, Narzißmus, Abhängigkeit usw. getrieben werden, sind wir über den Zwang hinausgeschritten. Liebe, Zärtlichkeit, Vernunft, Interesse, Integrität und Identität sind allesamt Kinder der Freiheit. Und die politische Freiheit ist nur insofern eine Vorbedingung der menschlichen Freiheit, als sie die Entwicklung des spezifisch Menschlichen fördert. In einer entfremdeten Gesellschaft, die den Menschen enthumanisiert, wird dagegen politische Freiheit zur Unfreiheit.

6. Werte und Normen

Eines der grundlegenden Elemente der menschlichen Situation haben wir bisher noch nicht berührt: das Bedürfnis des Menschen nach Wertvorstellungen, die seine Handlungen und Gefühle leiten können. Natürlich besteht im allgemeinen eine Diskrepanz zwischen dem, was die Menschen als ihre Werte ansehen, und den tatsächlichen Werten, von denen sie bestimmt werden, ohne sich ihrer bewußt zu sein. In der Industriegesellschaft sind die offiziellen, bewußten Werte solche der religiösen und humanistischen Tradition: Individualität, Liebe, Mitleid, Hoffnung usw. Doch diese Werte sind für die meisten Menschen zu Ideologien geworden und haben auf die Motive ihres Verhaltens keine Auswirkungen mehr. Die unbewußten Werte, die das menschliche Verhalten direkt bestimmen, sind dagegen im Sozialsystem der bürokratischen Industriegesellschaft entstanden: Eigentum, Konsum, soziale Stellung, Vergnügen, Aufregung usw. Eine solche Diskrepanz zwischen bewußten und unwirksamen Werten auf der einen und unbewußten und wirksamen Werten auf der anderen Seite richtet Verheerungen in der Persönlichkeit an. Da der Mensch anders handeln muß, als er es gelernt hat und angeblich auch tut, fühlt er sich schuldig und mißtraut sich selbst und anderen. Unsere junge Generation hat genau diese Diskrepanz erkannt und nimmt kompromißlos Stellung dagegen.

Die offiziellen und die tatsächlichen Werte sind keine ungeordneten Einzelposten, sondern bilden eine Hierarchie, in der bestimmte höchste Werte sich die anderen als notwendige Ergänzungen zu ihrer Verwirklichung unterstellen. Jene spezifisch menschlichen Erfahrungen, deren Entwicklung wir im Vorangehenden soeben erörtert haben, bilden das

Wertsystem innerhalb der seelisch-geistigen Tradition der westlichen Länder, Indiens und Chinas in den letzten 4000 Jahren. Solange diese Werte auf Offenbarung beruhten, waren sie verbindlich für alle, die an die Quelle der Offenbarung – das heißt für den Westen an Gott – glaubten. (Die Wertbegriffe des Buddhismus und Taoismus gingen dagegen nicht auf die Offenbarung durch ein höchstes Wesen zurück. Im Buddhismus etwa wird die Gültigkeit der Werte von einer Untersuchung der menschlichen Grundbedingung des Leidens abgeleitet: von der Erkenntnis seines Ursprungs, nämlich der Gier, und von der Erkenntnis des «achtfachen Weges», auf dem sich die Gier überwinden läßt. Aus diesem Grund ist die buddhistische Wert-Hierarchie für jeden einsehbar, der nichts anderes als das rationale Denken und die authentische menschliche Erfahrung als Voraussetzungen anerkennt.) Für die Menschen im Westen erhebt sich die Frage, ob die Werthierarchie der westlichen Religionen eine Basis erhalten kann, die nicht auf einer Offenbarung durch Gott beruht.

Kurz zusammengefaßt ergeben sich die folgenden Denkmodelle, wenn die Autorität Gottes nicht als Grundlegung der Werte anerkannt wird:

1. Ein vollständiger Relativismus; danach sind Werte eine Sache des persönlichen Geschmacks und haben keine darüber hinausgehenden Grundlagen. Die Philosophie von Sartre ist im Grunde von diesem Relativismus nicht zu unterscheiden, weil sich der Mensch frei für irgend etwas entscheidet und dies damit zum höchsten Wert erhoben wird, solange es nur authentisch ist.

2. Eine weitere Wertauffassung betrachtet die Werte als sozialimmanent. Die Verfechter dieser Ansicht gehen von der Voraussetzung aus, das Überleben einer Gesellschaft mit ihrer Sozialstruktur und deren Widersprüchen müsse das oberste Ziel all ihrer Mitglieder sein; deshalb seien jene Normen, die ein Überleben der jeweiligen Gesellschaft gewährleisten, die höchsten Werte und für jeden Einzelnen verbindlich. Danach sind also ethische Normen mit den sozialen identisch, und die sozialen Normen dienen der Erhaltung jeder beliebigen Gesellschaft – einschließlich ihrer Ungerechtigkeiten und Widersprüche. Es liegt auf der Hand, daß die Elite, die eine Gesellschaft regiert, alle zu ihrer Verfügung stehenden Mittel einsetzt, um den sozialen Normen, auf denen ihre Macht beruht, den Anschein von heiligen, allumfassenden Normen zu geben, die entweder von Gott offenbart oder in der menschlichen Natur verwurzelt sind.

Eine dritte Wertauffassung betrachtet die Werte als biologisch immanent. Die Verfechter dieser Anschauung argumentieren zumeist so: Erfahrungen wie Liebe, Loyalität oder Gruppensolidarität wurzeln in den entsprechenden Gefühlen beim Tier; die menschliche Liebe oder Zärtlichkeit wird auf das Verhalten der Tiermutter gegenüber ihrem Jungen zurückgeführt, die Solidarität auf den Gruppenzusammenhalt bei vielen

Tierarten. Diese Ansicht hat viel für sich, aber sie gibt keine Antwort auf die entscheidende Frage, in welcher Hinsicht menschliche Zärtlichkeit, Solidarität und andere «humane Erfahrungen» sich von ähnlichen Erscheinungen im Tierreich unterscheiden. Die Analogien, auf die Autoren wie Konrad Lorenz hinweisen, sind alles andere als überzeugend. Biologisch immanente Wertsysteme führen oft zu Folgerungen, die das genaue Gegenteil der hier erörterten humanistisch orientierten Werte sind. In einer verbreiteten Abart des gesellschaftlichen Darwinismus werden Egoismus, Existenzkampf und Aggressivität als höchste Werte begriffen, weil sie angeblich die Hauptprinzipien sind, auf denen das Überleben und die Weiterentwicklung der Art beruhen.

Das Wertsystem, das dem in diesem Buch vertretenen Standpunkt entspricht, beruht auf einer Vorstellung, die Albert Schweitzer als «Ehrfurcht vor dem Leben» bezeichnet hat. Wertvoll oder gut ist danach alles, was zur größeren Entfaltung der spezifisch menschlichen Möglichkeiten beiträgt und das Leben fördert. Negativ oder schlecht ist alles, was das Leben einschnürt und das Aktivsein des Menschen lähmt. Alle Normen der großen humanistischen Religionen, des Buddhismus und des Judentums und des Islams oder der großen humanistischen Philosophien von den Vorsokratikern bis in unsere Zeit sind genauere Ausarbeitungen dieses allgemeinen Wertprinzips. Seine Gier zu überwinden, seinen Nächsten zu lieben und die Wahrheit zu erkennen (im Gegensatz zur unkritischen Kenntnis der Tatsachen) – diese Ziele sind allen humanistischen Philosophien und Religionen des Westens und Ostens gemeinsam. Der Mensch konnte diese Werte zwar erst entdecken, als er einen bestimmten sozialen und wirtschaftlichen Entwicklungsstand erreicht hatte, der ihm so viel Zeit und Energie ließ, daß er einmal ausschließlich über die Grenzen des rein physischen Überlebens hinausdenken konnte. Aber seit dieser Punkt erreicht ist, sind diese Werte hochgehalten und, in gewissem Umfang, sogar in den verschiedensten Gesellschaften verwirklicht worden – von den Denkern in den hebräischen Stämmen bis zu den Philosophen der griechischen Stadtstaaten und des römischen Kaiserreichs, von den Theologen der mittelalterlichen Feudalgesellschaft, den Denkern der Renaissance, den Philosophen der Aufklärung bis zu den Denkern der Industriegesellschaft, zu Goethe und Marx, und in unserer Zeit zu Einstein und Schweitzer. Allerdings wird es in der gegenwärtigen Entwicklungsphase der Industriegesellschaft ohne Zweifel immer schwieriger, diese Werte zu verwirklichen, weil der verdinglichte Mensch kaum die Erfahrung des Lebens macht, sondern statt dessen Prinzipien folgt, die für ihn von einer Maschine programmiert wurden.

Jede reale Hoffnung auf einen Sieg über die enthumanisierte Gesellschaft der Megamaschine und auf die Errichtung einer humanistischen Industriegesellschaft setzt voraus, daß die traditionellen Werte wieder lebendig gemacht werden und daß eine Gesellschaft entsteht, in der Liebe und Integrität möglich sind.

Nachdem nun festgestellt ist, daß die von mir als humanistisch bezeichneten Werte Respekt und Beachtung verdienen, weil sie eine Übereinkunft zwischen allen höheren Kulturformen darstellen, muß jetzt die Frage aufgeworfen werden, ob objektive, wissenschaftliche Anzeichen schlüssig beweisen oder doch zumindest plausibel machen können, daß dies diejenigen Normen sind, die unser Privatleben bestimmen und zugleich als Leitprinzipien für alle von uns geplanten gesellschaftlichen Unternehmen und Aktivitäten dienen sollten.

Ich verweise auf das in diesem Kapitel bereits Erörterte und stelle die These auf, daß die Gültigkeit der Normen auf den Bedingungen der menschlichen Existenz beruht. Die menschliche Persönlichkeit hat als System eine Mindestbedingung: sie darf nicht verrückt werden. Doch sobald diese Bedingung garantiert ist, steht dem Menschen mehreres zur Wahl: Er kann sich im Leben für das Anhäufen oder das Produzieren entscheiden, für Liebe oder Haß, für Sein oder Haben usw. Und wie seine Entscheidung auch ausfällt, er baut damit eine Struktur auf (seinen Charakter), in der gewisse Orientierungsrichtungen vorherrschen und andere notwendig daraus folgen. Die Gesetze der menschlichen Existenz führen allerdings keineswegs dazu, daß *eine* Wertgruppierung als einzige möglich ist. Sie führen vielmehr zu Alternativen, und wir müssen entscheiden, welche von ihnen den anderen überlegen sind.

Aber dreht sich unser Argument nicht im Kreis, wenn wir von «überlegenen» Normen sprechen? Wer entscheidet, was überlegen sein soll? Die Antwort fällt leichter, wenn wir bei einer konkreten Alternative ansetzen: Wenn dem Menschen zum Beispiel seine Freiheit genommen wird, resigniert er entweder und verliert seine Vitalität, oder er wird wütend und aggresiv. Wenn er gelangweilt ist, wird er passiv oder gleichgültig gegenüber dem Leben. Wenn er auf ein paar Daten einer Lochkarte reduziert wird, verliert er seine Originalität, seine Schöpferkraft und sein Interesse. Sobald wir also bestimmte Faktoren vergrößern, verkleinern wir andere entsprechend.

Welche von diesen Möglichkeiten ist nun vorzuziehen: die lebendige, freudige, interessierte, aktive, friedliche Struktur oder die unlebendige, stumpfe, uninteressierte, passive, aggressive Struktur?

Entscheidend ist die Erkenntnis, daß wir es hier mit Strukturen zu tun haben; deshalb können wir nicht bestimmte bevorzugte Elemente aus der einen mit bestimmten Elementen aus der anderen Struktur kombinieren. Die Strukturierung des sozialen und individuellen Lebens verengt unsere Auswahlmöglichkeiten: wir können nur zwischen Strukturen wählen, nicht zwischen Einzelelementen oder anderen Kombinationen davon. Wohl die meisten Menschen würden am liebsten aggressiv, wettstreitlustig, geschäftlich höchst erfolgreich, bei jedermann beliebt und gleich-

l'idée de structure du caractère

zeitig zärtlich, liebevoll und integer sein. Oder auf der sozialen Ebene: am liebsten wäre den meisten eine Gesellschaft, in der die materielle Produktion und der Verbrauch sowie die militärische und politische Macht des Landes möglichst groß wären und gleichzeitig Frieden, Kultur und geistige Werte gefördert würden. Aber solche Vorstellungen sind unrealistisch; im allgemeinen dienen die «ansprechenden», menschlichen Züge in der Mischung dazu, die häßlichen etwas herauszuputzen oder ganz zu verbergen. Sobald man erkennt, daß hier verschiedene Strukturen zur Wahl stehen und welche von ihnen «reale Möglichkeiten» darstellen, wird die Qual der Wahl wesentlich geringer, und es bleibt kaum noch ein Zweifel, welche Wertstruktur vorzuziehen sei. Menschen mit unterschiedlichen Charakterstrukturen werden jeweils dasjenige Wertsystem vorziehen, das ihrem Charakter zusagt. So wird sich der biophile, das Leben liebende Mensch für biophile Werte entscheiden, der nekrophile Mensch für die entgegengesetzten. Und wer dazwischensteht, wird eine klare Entscheidung zu meiden suchen oder schließlich doch eine treffen – und zwar entsprechend den vorherrschenden Kräften in seiner Charakterstruktur.

Praktisch wäre nicht viel gewonnen, wenn sich mit objektiven Gründen die Überlegenheit einer Wertstruktur über alle anderen beweisen ließe; denn für jeden, der mit der «überlegenen» Wertstruktur nicht einverstanden ist, weil sie den in seiner Charakterstruktur verwurzelten Ansprüchen zuwiderläuft, wäre auch ein objektiver Beweis nicht zwingend.

Trotzdem möchte ich – vor allem aus theoretischen Gründen – zu bedenken geben, daß man zu objektiven Normen gelangen kann, wenn man von einer einzigen Prämisse ausgeht: von der Voraussetzung, daß es erstrebenswert ist, wenn ein lebendiges System wächst und ein Höchstmaß an Vitalität und innerer Harmonie oder, subjektiv, an Wohlbehagen erreicht. Und eine Untersuchung des Systems Mensch vermag zu zeigen, daß die biophilen Normen eher zum Wachstum und zur Stärkung des Systems beitragen, während die nekrophilen Normen Funktionsstörungen und Krankheitszustände verursachen. Die Gültigkeit der Normen ergäbe sich also daraus, daß sie ein Höchstmaß an Wachstum und Wohlbehagen und ein Mindestmaß an Unbehagen hervorrufen.

Wie die Wirklichkeit zeigt, schwanken die meisten Menschen zwischen verschiedenen Wertsystemen und entwickeln sich deshalb niemals vollständig in der einen oder anderen Richtung. Sie haben weder große Tugenden noch große Laster. Sie gleichen – wie Ibsen es sehr schön in seinem *Peer Gynt* ausgedrückt hat – einer Münze, deren Prägung völlig abgegriffen ist; der Mensch hat kein Selbst und keine Identität, aber er fürchtet sich davor, diese Entdeckung zu machen.

V. Schritte zur Humanisierung der technischen Gesellschaft

1. Allgemeine Voraussetzungen

Bei den folgenden Überlegungen über die Möglichkeit einer Humanisierung der Industriegesellschaft, so wie sie sich in der zweiten industriellen Revolution entwickelt hat, müssen wir von vornherein jene von ihren Institutionen und Verfahrensweisen berücksichtigen, die aus wirtschaftlichen und psychologischen Gründen nicht einfach abgeschafft werden können, ohne unsere Gesellschaft völlig zu zerbrechen. Diese Elemente sind: 1. Die sehr weitgehende Zentralisierung der Verwaltung, die in den letzten Jahrzehnten die Regierung und das Geschäftsleben, aber auch Universitäten, Krankenhäuser usw. erfaßt hat. Dieser Zentralisierungsprozeß läuft weiter, und bald werden fast alle bedeutenderen zweckhaften Tätigkeiten von Großsystemen durchgeführt werden. 2. Die Planung im großen Maßstab innerhalb eines jeden Systems, die durch die Zentralisierung bedingt wird. 3. Die Kybernation, d. h. die Kybernetik und die Automation als bedeutendste theoretische und praktische Kontrollprinzipien, wobei in der Automation der Computer das wichtigste Element ist.

Doch nicht nur diese drei Formen werden bestehen bleiben. In allen Gesellschaftssystemen tritt noch ein weiteres Element auf: das System Mensch. Wie bereits dargelegt, bedeutet dies nicht, daß die menschliche Natur nicht formbar sei; es bedeutet vielmehr, daß sie nur eine begrenzte Anzahl von möglichen Strukturierungen zuläßt und uns damit vor bestimmte, überprüfbare Alternativen stellt. Und die wichtigste Alternative im Hinblick auf die technische Gesellschaft ist folgende: wenn der Mensch passiv, gelangweilt, emotional und einseitig intellektuell orientiert ist, entwickeln sich in ihm pathologische Symptome wie Angst, Depressionen, Entpersönlichung, Gleichgültigkeit gegenüber dem Leben und Gewalttätigkeit. Tatsächlich sind, wie Robert H. Davis in einem klarsichtigen Aufsatz schrieb, «auf lange Sicht die Folgerungen, die eine kybernetisch gelenkte Gesellschaft für die geistige Gesundheit mit sich bringt, alarmierend.»[1] Dieser Punkt muß mit Nachdruck hervorgehoben werden, weil die meisten Planer den Faktor Mensch so behandeln, als könne er sich jeder Bedingung anpassen, ohne irgendwelche Störungen hervorzurufen.

Die Möglichkeiten, die vor uns liegen, sind begrenzt und überprüfbar. Eine besteht darin, in der bereits eingeschlagenen Richtung weiterzugehen. Das würde zu einem Atomkrieg, zu einer Katastrophe des Umweltgleichgewichts oder zu schwerwiegenden Krankheitserscheinungen der

Menschheit führen. Die zweite Möglichkeit ist der Versuch, diese Entwicklungsrichtung durch eine gewaltsame Revolution zu ändern. Das würde den Zusammenbruch des ganzen Systems bedeuten und in irgendeiner Form der Militärdiktatur oder des Faschismus enden. Die dritte Möglichkeit ist die Humanisierung des Systems in solcher Weise, daß es dem Wohlergehen und Wachstum des Menschen dient; dies könnte schrittweise durch revolutionäre Änderungen von seiten jenes großen Teils der Bevölkerung erreicht werden, der noch von Vernunft, Realitätssinn und Liebe zum Leben bestimmt wird. Fraglich ist nur: Läßt sich das machen, und welche Schritte müssen zur Erreichung dieses Ziels getan werden?

Ich brauche wohl nicht zu versichern, daß ich keineswegs die Absicht habe, einen «Plan» vorzulegen, nach dem dieses Ziel sicher zu erreichen ist. Nicht allein wäre das in einem kurzen Buch nicht zu leisten; es würde auch viele Untersuchungen verlangen, die nur durch die Zusammenarbeit von ebenso kundigen wie besorgten Menschen zu erstellen sind. Ich will deshalb hier nur diejenigen Schritte erörtern, die meines Erachtens die wichtigsten sind: 1. Ein Planen, das das System Mensch einbezieht und auf Normen beruht, die sich aus einer Untersuchung des optimalen Funktionierens des Menschenwesens ergeben haben. 2. Eine Aktivierung des Einzelnen dadurch, daß er unmittelbar beteiligt und mit verantwortlich wird; also eine Umwandlung der gegenwärtigen entfremdeten und bürokratischen in eine humanistische Organisationsform. 3. Eine Änderung der Konsumgewohnheiten in Richtung auf eine Form des Konsums, die zur Aktivierung beiträgt und der Passivierung[2] entgegenwirkt. 4. Das Auftreten neuer seelisch-geistiger Orientierungen und Kulte, die den religiösen Systemen der Vergangenheit gleichwertig sind.

2. Humanistisches Planen

Ausgehend von den Erörterungen über das Planen im III. Kapitel möchte ich noch einmal betonen, daß jede Planungsarbeit von Werturteilen und Normen bestimmt wird, ob sich die Planer nun dessen bewußt sind oder nicht. Dies gilt auch für jegliche Planung durch Computer; sowohl die Auswahl der Tatsachen, die dem Computer eingegeben werden, als auch die Programmierung setzen Werturteile voraus. Wenn ich ein Höchstmaß von wirtschaftlicher Produktion anstrebe, sehen meine Tatsachen und mein Programm anders aus, als wenn ich ein Höchstmaß von Wohlergehen für den Menschen erreichen will, also Freude, Interesse an der Arbeit usw. In diesem Fall werden andere Tatsachen berücksichtigt, und das Programm verläuft anders.

Hier erheben sich mehrere schwerwiegende Fragen: Wie kann man etwas von menschlichen Werten wissen, wenn man nicht einfach die der

Tradition übernehmen will, die zumindest durch eine Übereinkunft bestätigt oder auf Grund des persönlichen Geschmacks oder eines Vorurteils anerkannt werden? Ich habe im IV. Kapitel gezeigt, daß sich das Wohlergehen des Menschen genauso empirisch und objektiv beschreiben läßt wie sein Unbehagen; die Bedingungen des Wohlbehagens lassen sich genauso festlegen wie die des physischen oder geistigen Unbehagens. Eine Untersuchung des Systems Mensch kann zur Anerkennung von Werten führen, die entweder deshalb objektiv gültig sind, weil sie ein optimales Funktionieren des Systems bewirken, oder zumindest deshalb, weil diese humanistischen Normen, wenn wir die möglichen Alternativen bedenken, von den meisten geistig gesunden Menschen vorgezogen würden.

Doch wie auch immer die humanistischen Normen begründet sein mögen – das allgemeine Ziel einer humanistischen Industriegesellschaft läßt sich folgendermaßen umreißen: Das soziale, wirtschaftliche und kulturelle Leben unserer Gesellschaft muß derart verändert werden, daß es das Wachstum und die Lebendigkeit des Menschen anregt und fördert, statt sie zu verkrüppeln; daß es den einzelnen aktiviert, statt ihn passiv und rezeptiv zu machen; und daß unsere technischen Möglichkeiten dem Wachstum des Menschen dienen. Wenn dies geschehen soll, müssen wir die Kontrolle über das Wirtschafts- und Sozialsystem wieder zurückgewinnen; entscheiden muß wieder der Wille des Menschen – geleitet von seiner Vernunft und seinem Wunsch nach optimaler Lebendigkeit.

Wie geht nun, unter Voraussetzung dieser Ziele, die humanistische Planung vor sich? *Die Maschinen und die Computer müßten funktionale Bestandteile eines am Leben orientierten Sozialsystems sein und nicht eine Krebsgeschwulst, die bereits Unheil zu stiften beginnt und letztlich das ganze System zerstören wird.* Maschinen oder Computer müssen Mittel zur Erreichung von Zwecken werden, die durch die Vernunft und den Willen des Menschen bestimmt sind. Die Werte, von denen die Tatsachenauswahl und die Programmierung der Computer bestimmt werden, müssen auf einer gründlichen Kenntnis der menschlichen Natur, ihrer unterschiedlichen Ausprägungsmöglichkeiten, ihrer optimalen Entwicklung und ihrer wahren Entwicklungsnotwendigkeiten beruhen. Das heißt: nicht die Technik, sondern der Mensch muß die obersten Werte festsetzen; nicht eine maximale Produktion, sondern die optimale Entwicklung des Menschen muß das Kriterium für jegliches Planen sein.[3] Die Entfaltung des Menschen und nicht der industrielle «Fortschritt» muß zum Leitprinzip der sozialen Organisation werden.

Abgesehen davon muß das Planen im wirtschaftlichen Bereich auf das Gesamtsystem ausgeweitet werden; und vor allem ist es nötig, das System Mensch in das gesamte Sozialsystem einzubeziehen. Der Mensch als Planer muß sich über die Rolle klar sein, die er als Teil des Gesamtsystems spielt. Da nur der Mensch ein Beispiel für Leben ist, das sich seiner selbst bewußt wird, muß er sich auch beim Errichten und beim Untersuchen von Systemen selbst zum Objekt des untersuchten Systems machen. Das heißt: die Kenntnis des Menschen, der menschlichen Natur und ihrer realen Äußerungsmöglichkeiten muß zu einem der grundlegenden Daten jeder gesellschaftlichen Planung werden.

Das bisher über die Planung Gesagte ging von der theoretischen Annahme aus, die Planer seien beseelt von dem Wunsch nach optimalem Wohlergehen der Gesellschaft und der Einzelnen, aus denen diese besteht. Aber leider darf in der Praxis eine solche Annahme nicht gemacht werden. (Ich rede hier selbstverständlich nicht von den Vorstellungen, die sich die Planer selbst über ihre Motive machen. Wie die meisten Menschen halten sie ihre Beweggründe für vernünftig und ehrenhaft. Denn die meisten Menschen brauchen derartige Rechtfertigungen [Ideologien] für ihr Handeln entweder, um sich durch ein Gefühl moralischer Rechtschaffenheit zu stärken oder um andere hinsichtlich ihrer wahren Motive zu täuschen.) Im Bereich der regierungsamtlichen Planungsarbeit geraten gewöhnlich die persönlichen Interessen der Politiker mit ihrer Integrität und daher mit ihrer Fähigkeit, humanistisch zu planen, in Konflikt. Diese Gefahr läßt sich nur durch eine viel aktivere Beteiligung der Bürger an der Entscheidungsfindung eindämmen – und durch die Entdeckung von Mitteln und Wegen, daß die Regierungsplanung von denen kontrolliert werden kann, für die sie gemacht wird.[4]

Sollte also die Planungsarbeit der Regierung weiter eingeschränkt und der größere Teil davon, auch auf dem öffentlichen Sektor, lieber den Großunternehmern überlassen werden? Diese Vorstellung wird zumeist damit begründet, daß die Großunternehmen weder mit überholten Verfahrensvorschriften belastet seien noch von einem wechselnden politischen Druck abhängen; daß sie in den Methoden der Systemanalyse und in der unmittelbaren Anwendung der Forschung auf die Technik weiter fortgeschritten sind; und daß sie von Menschen geleitet werden, die eine größere Objektivität besitzen, weil sie nicht alle paar Jahre in Wahlkampagnen um das Recht zur Fortsetzung ihrer Arbeit kämpfen müssen. Vor allem aber wird betont: da die Organisations- und Systemanalyse gegenwärtig eine der fortschrittlichsten Tätigkeiten ist, leuchte es ein, daß sie viele der fortschrittlichsten Geister anzieht – fortschrittlich nicht nur in ihrer Intelligenz, sondern auch in ihren Vorstellungen vom menschlichen Wohlergehen. Diese und viele andere Argumente klingen sehr überzeugend; nur besagen sie gar nichts über zwei entscheidende Punkte: Erstens arbeitet jedes Privatunternehmen um des Profits willen; seine Profitinteressen haben sich zwar – im Vergleich mit denen der Unternehmen im neunzehnten Jahrhundert – stark verändert, aber sie geraten doch oft in Widerstreit mit dem besten Interesse der Allgemeinheit. Zweitens ist ein Privatunternehmen nicht einmal jener geringen Kontrolle unterworfen, der sich die Regierung in einem demokratischen

System umterwerfen muß. (Der Einwand, ein Unternehmen sei vom Markt kontrolliert, also indirekt von den Verbrauchern, sieht über die Tatsache hinweg, daß der Geschmack und die Wünsche der Verbraucher in großem Maße vom Unternehmen selbst manipuliert werden.) Gerade weil es den konventioneller denkenden Unternehmern nicht etwa an gutem Willen, sondern an Phantasie und an einer Vorstellung des erfüllten menschlichen Lebens fehlt, sind sie – vom Standpunkt der humanistischen Planung aus – nur um so gefährlicher. Denn ihre persönliche Anständigkeit macht sie immun gegen Zweifel an ihren Planungsmethoden. Aus diesen Gründen teile ich nicht den Optimismus von John Kenneth Galbraith und anderen. Die Unternehmensplanung muß einer Kontrolle durch die Regierung, durch die Arbeiter und Angestellten und durch die Konsumenten unterworfen werden; mit anderen Worten: alle, für die ein Industrieunternehmen plant, müssen bei seinen Entscheidungen mitreden und mitbestimmen können.

3. Aktivierung und Freisetzung von Energien

Aus allem, was in den bisherigen Kapiteln über den Menschen gesagt wurde, folgt, daß es eine Grundvoraussetzung seines Wohlergehens ist, aktiv zu sein und alle seine Fähigkeiten produktiv auszuüben; und daß einer der krankhaftesten Züge unserer Gesellschaft darin besteht, den Menschen passiv zu machen, nämlich ihm die Chance einer aktiven Anteilnahme an den Problemen seiner Gesellschaft, an dem Unternehmen, in dem er arbeitet, und sogar – wenn auch nicht so offen – an seinen persönlichen Angelegenheiten zu nehmen. Diese «Passivierung» des Menschen beruht zum Teil auf den entfremdeten bürokratischen Organisationsmethoden, die in allen zentralisierten Unternehmen angewandt werden.

Humanistische oder entfremdet-bürokratische Organisation?

In dieser Frage werden, wie so oft, die Alternativen auf verwirrende Weise falsch gesehen. Die meisten Menschen glauben, zur Wahl stehe nur auf der einen Seite die Anarchie, also keinerlei Organisation und Kontrolle, und auf der anderen Seite jene Art von Bürokratie, die typisch ist für die zeitgenössische Industriegesellschaft und erst recht für die Sowjetunion. Aber diese Alternative ist keineswegs die einzige, es bestehen noch andere Möglichkeiten. Ich möchte zum Beispiel einen Unterschied machen zwischen einer «humanistischen Organisation»[5] und der «entfremdeten Bürokratie», mit deren Hilfe wir unsere Angelegenheiten bislang regeln.

Das entfremdet-bürokratische Verfahren läßt sich auf mehrfache

Weise kennzeichnen. Zunächst einmal ist es ein Einbahnstraßen-System; alle Befehle, Vorschläge und Pläne gehen aus der Spitze der Pyramide hervor und werden von dort zur Basis hinuntergeleitet. Für eine Initiative des Einzelnen ist kein Raum. Menschen sind «Fälle» – Wohlfahrts- oder Krankheits-Fälle oder wie das Bezugssystem gerade heißen mag; derartige «Fälle» lassen sich auf Lochkarten festhalten und verlieren damit all jene individuellen Züge, die den Unterschied zwischern einem Menschen und einem «Fall» ausmachen.

Unsere bürokratische Organisation ist unverantwortlich in dem Sinne, daß sie auf die Nöte, Meinungen oder Erfordernisse eines Einzelnen nicht eingehen kann. Diese Art der Unverantwortlichkeit ist eng verknüpft mit der Verwandlung des Menschen in einen Fall – nur als solcher wird er zum «Objekt» der Bürokratie. Auf einen *Menschen* kann man eingehen, nicht aber auf einen *Fall*. Die Unverantwortlichkeit des Bürokraten hat daneben eine andere Seite, die seit langem als Kennzeichen jeder Bürokratie gilt: Der Bürokrat empfindet sich als Teil der bürokratischen Maschinerie und ist vor allem bestrebt, keine Verantwortung übernehmen, also keine Entscheidungen treffen zu müssen, für die er kritisiert werden könnte. Er versucht daher, alle Entscheidungen zu vermeiden, die von seinen Regeln für die Behandlung von Fällen nicht eindeutig erfaßt werden, und wenn er Zweifel hat, schickt er sein Opfer an einen anderen Bürokraten weiter, der sich genauso verhält. Wer nur einmal mit einer bürokratischen Organisation zu tun gehabt hat, kennt dieses Herumgeschicktwerden von einem Bürokraten zum anderen; und meistens nimmt er, nach vielen Mühen, dieselben Probleme wieder mit sich hinaus, um derentwillen er gekommen war, ohne daß ihm jemand wirklich zugehört hätte – es sei denn, in jener ganz besonderen Weise, in der Bürokraten zuhören: mal freundlich, mal ungeduldig, aber fast immer in einer Haltung, die gleichzeitig Hilflosigkeit, Unverantwortlichkeit und ein Gefühl der Überlegenheit gegenüber dem lästigen Bittsteller zum Ausdruck bringt. Unsere bürokratischen Organisationen geben dem einzelnen das Gefühl, daß er ohne Hilfe der bürokratischen Maschinerie überhaupt nichts in Gang bringen und organisieren kann. Deshalb lähmen sie die individuelle Initiative und rufen ein tiefes Gefühl der Ohnmacht hervor.

Was ist das Wesen der «humanistischen Organisation» und ihrer Methoden?

Das Grundprinzip der humanistischen Organisation besteht darin, daß trotz der Größe der Unternehmen, trotz der zentralisierten Planung und trotz Kybernation die einzelnen Beteiligten sich gegenüber den Managern, den äußeren Umständen und den Maschinen durchsetzen können und nicht mehr machtlose Teilchen bleiben, die an dem ganzen Prozeß nicht aktiv teilnehmen. Nur durch solch eine Bestätigung des eigenen Willens können die Energien des einzelnen freigesetzt und sein geistiges Gleichgewicht wiederhergestellt werden.

Das Prinzip der humanistischen Organisation läßt sich auch so ausdrücken: Während in der entfremdeten Bürokratie alle Macht von oben nach unten fließt, geht sie bei einer humanistischen Organisation in beiden Richtungen; die «Subjekte»[6] der oben getroffenen Entscheidung reagieren darauf mit ihren eigenen Wünschen und Sorgen, und ihre Reaktion erreicht nicht nur die obersten Entscheidenden, sondern diese müssen nun ihrerseits reagieren. Die «Subjekte» einer Entscheidung haben also das Recht, Entscheidungen anzufechten. Und solch eine Anfechtung setzt als erstes eine Regel voraus, nach der die Entscheidungsverantwortlichen sich stellen müssen, falls eine genügend große Anzahl von «Subjekten» bei der entsprechenden Bürokratie (und zwar gleichgültig auf welcher Ebene) die Beantwortung von Fragen oder die Erläuterung einer Handlungsweise verlangt.

An diesem Punkt dürften sich beim Leser derartig viele Einwände gegen die vorangegangenen Vorschläge angesammelt haben, daß ich sie wohl besser gleich erörtere, um mir nicht die Aufmerksamkeit für das in diesem Kapitel noch Folgende zu verscherzen. Ich beschäftige mich zuerst mit der Unternehmensführung.

Der Haupteinwand lautet vermutlich, die von mir beschriebene aktive Teilnahme der «Subjekte» sei unvereinbar mit einer wirksamen zentralistischen Verwaltung und Planung. Der Einwand ist plausibel, a) falls man keinen zwingenden Grund hat, die gegenwärtigen Methoden der entfremdeten Bürokratie für krankheitserregend zu halten; b) falls man nur die bereits erprobten und bewährten Methoden berücksichtigt und vor phantasievollen neuen Lösungen zurückschreckt; c) falls man darauf beharrt, daß selbst, wenn sich neue Methoden finden ließen, doch niemals das Prinzip des maximalen Nutzeffekts aufgegeben werden darf, nicht einmal für kurze Zeit. Wenn man dagegen den hier vorgetragenen Überlegungen gefolgt ist und die schweren Gefahren für das Gesamtsystem unserer Gesellschaft erkennt, die in unserer bürokratischen Organisation liegen, sind diese Einwände nicht mehr so überzeugend; oder doch nur noch für jene, die mit der Funktionsweise unseres gegenwärtigen Systems zufrieden sind.

Genauer gesagt: wenn man die Schwierigkeiten erkennt und sie nicht von vornherein für unüberwindbar hält, wird man beginnen, die Probleme konkret und im einzelnen zu untersuchen. Auch hier kann man noch zu dem Schluß gelangen, die Gegenüberstellung von größtmöglicher Zentralisierung und völliger Dezentralisierung sei eine unnötige Polarisierung, man solle sich eher mit einer *optimalen* Zentralisierung und einer *optimalen* Beteiligung der Einzelnen beschäftigen. Optimal wäre dann jener Grad von Zentralisierung, der für eine wirkungsvolle Organisation und Planung in großem Maßstab nötig ist; und eine Beteiligung, die eine zentralisierte Verwaltung nicht unmöglich macht, aber den Beteiligten ein Optimum an verantwortlicher Teilnahme gestattet. Diese Formulierung ist offensichtlich sehr allgemein und reicht als Grundlage für weitere Schritte nicht aus. Wenn ein Problem dieser Größenordnung bei der technischen Anwendung von wissenschaftlichen Kenntnissen auftaucht, läßt kein Ingenieur sich entmutigen; er erkennt daran, daß zur Lösung des Problems weitere Forschungen nötig sind. Sobald wir es dagegen mit menschlichen Problemen zu tun haben, werden die meisten Menschen von den Schwierigkeiten entmutigt oder stellen schlicht fest, da sei «nichts zu machen».

Wir haben tatsächlich unbegrenzte Phantasie und Initiative, wenn es um die Lösung technischer Probleme geht, aber eine äußerst eingeschränkte Vorstellungskraft, sobald wir uns mit menschlichen Problemen beschäftigen. Warum ist das so? Eine naheliegende Antwort besagt, wir hätten in der Wissenschaft vom Menschen einfach nicht so viele Kenntnisse wie in Naturwissenschaft und Technik. Aber diese Antwort überzeugt nicht; warum besitzen wir hier nicht die nötigen Kenntnisse? Oder, und das trifft noch genauer, warum wenden wir die vorhandenen Kenntnisse nicht an? Natürlich läßt sich ohne weitere Untersuchungen nichts *beweisen*, aber nach meiner Überzeugung dürfte eine praktische Lösung der Aufgabe, optimale Zentralisierung mit einer optimalen Dezentralisierung zu vereinbaren, leichter zu finden sein als manche technischen Lösungen für die Raumfahrt. Die wahre Antwort auf die Frage, weshalb eine solche Forschungsarbeit nicht in Angriff genommen wird, liegt darin begründet, daß – unter Berücksichtigung der gegenwärtigen Prioritäten – für die Entwicklung einer menschlich annehmbaren Organisationsweise nur mäßiges Interesse besteht. Trotzdem dürfen wir, auch wenn die Notwendigkeit weiterer Forschungen betont werden muß, nicht übersehen, daß diese Probleme in den letzten Jahrzehnten bereits in ziemlich vielen Untersuchungen und Erörterungen behandelt worden sind. Sowohl in der Industriepsychologie wie in der Verwaltungswissenschaft findet sich eine ganze Reihe von wertvollen Ansätzen.

Ein weitere Einwand wird oft mit dem vorigen verbunden; danach besteht, solange auf politischer Ebene die Entscheidungen wirksam kontrolliert werden, keinerlei Notwendigkeit für eine aktive Beteiligung an der Unternehmensführung, weil diese ohnehin durch Legislative und Exekutive der Regierung genügend beaufsichtigt werde. Dieser Einwand berücksichtigt nicht, wie stark heutzutage Regierung und Privatunternehmen miteinander verflochten sind, so daß sich kaum noch sagen läßt, wer wen kontrolliert; und er berücksichtigt nicht, daß auch die Regierungsentscheidungen keiner wirksamen Kontrolle durch die Bürger unterliegen. Doch selbst wenn die Bürger aktiv genug an der Politik teilnähmen, wie hier vorausgesetzt wird, müßten auch die Privatunternehmen einer direkten Kontrolle unterliegen – und zwar nicht nur durch die Firmenangehörigen, sondern durch die ganze Bevölkerung, sofern sie von den Entscheidungen des Unternehmens betroffen wird. Wenn eine solche unmittelbare Kontrolle über ein Unternehmen nicht besteht, fällt es der Regierung sehr schwer, auf diesem privaten Sektor des Systems ihre Macht auszuüben.

Ein weiterer Einwand wird darauf hinweisen, daß die hier vorgeschlagene doppelte Verantwortlichkeit bei der Entscheidungsfindung zu endlosen Reibungen zwischen der Spitze und den «Subjekten» führen werde und aus diesem psychologischen Grund wirkungslos bleiben müsse. Wenn man das Problem abstrakt durchdenkt, wirkt es tatsächlich ziemlich unüberwindlich; doch sobald eine solche Änderung erst einmal anerkannt ist, sind die daraus entspringenden Konflikte weit weniger heftig und unlösbar, als wenn man sich das Bild ganz abstrakt vor Augen führt. Schließlich hat die Unternehmensführung ein Interesse daran, daß die nötige Arbeit getan wird, und die Angestellten ebenfalls. Sobald die Bürokratie verletzlich wird, sobald sie auf die Wünsche und Ansprüche ihrer «Subjekte» zu reagieren beginnt, werden sich beide Seiten mehr für die anstehenden Probleme als für die Verteidigung ihrer Autoritäts- oder Herausfordererposition interessieren. Dies hat sich an einer Reihe von Universitäten in Amerika und anderen Ländern in der Praxis erwiesen: sobald eine Beteiligung der Studenten anerkannt war, ergaben sich zwischen ihnen und der Verwaltung nur noch wenig Reibungen. Dasselbe zeigte sich auch in der jugoslawischen Arbeiter-Selbstverwaltung und in zahlreichen Kooperativbewegungen überall auf der Welt.

Wenn die bürokratische Verfahrensweise von einer entfremdeten in eine humanistische verwandelt würde, müßte sich notwendigerweise auch der Typ des erfolgreichen Vorgesetzten ändern. Ein defensiver Persönlichkeitstyp, der an seinem bürokratischen Rang klebt und sich fürchtet, verletzlich zu sein und Menschen direkt und offen gegenüberzutreten, wäre dann im Nachteil. Ein phantasievoller, unerschrockener, ansprechbarer Vorgesetzter hätte dagegen Erfolg, wenn die Organisationsmethoden geändert würden. Diese Überlegungen zeigen die Unhaltbarkeit der Ansicht, bestimmte Organisationsmethoden ließen sich nicht ändern, weil die betreffenden Vorgesetzten «sie weder ändern wollten noch ändern könnten». Und dabei wurde noch gar nicht berücksichtigt, daß neue Organisationsformen auch ein neues Auswahlprinzip mit sich bringen. Das heißt aber nicht, die meisten derzeitigen Vorgesetzten müßten durch neue ersetzt werden; denn zweifellos können viele unter dem gegenwärtigen System ihre Reaktionsfähigkeiten nicht nutzbar machen und werden dies sofort tun, wenn ihnen das System Gelegenheit dazu gibt.

Der am weitesten verbreitete Einwand gegen den Vorschlag, den einzelnen an der Unternehmensführung teilnehmen zu lassen, besagt, angesichts der zunehmenden Kybernation werde seine Arbeitszeit so kurz und seine Freizeit so lang sein, daß seine Aktivierung nicht mehr in der Arbeitssituation stattfinden müsse, sondern in seiner Freizeit hinreichend auszuschöpfen sei. Dieser Gedanke beruht meines Erachtens auf einer falschen Vorstellung von der menschlichen Existenz und der Arbeit. Der Mensch muß sogar unter den günstigsten technischen Bedingungen weiterhin die Verantwortung für die Produktion von Nahrung, Kleidung, Unterkunft und allen materiellen Notwendigkeiten übernehmen. Das heißt, er muß arbeiten. Selbst wenn der größte Teil der körperlichen Arbeit von Maschinen übernommen wird, muß der Mensch noch zu dem Austauschprozeß zwischen sich und der Natur beitragen; nur wenn er ein entkörperlichtes Wesen oder ein Engel ohne physische Bedürfnisse wäre, könnte die Arbeit vollkommen verschwinden. Der Mensch hat es einfach nötig, sich der Natur anzupassen, eine materielle Produktion zu organisieren, zu steuern und zu verteilen, die Gesellschaft zu organisieren und sich auf Naturkatastrophen einzustellen; er kann sich niemals zurücklehnen und die Dinge sich selbst überlassen. Die Arbeit mag in einer technischen Gesellschaft vielleicht kein «Fluch» mehr sein; aber ein paradisischer Zustand, in dem sich der Mensch um seine materiellen Bedürfnisse nicht mehr zu kümmern braucht, ist ein technisches Hirngespinst. Oder wird die Zukunft so aussehen, wie es Brzezinski[7] voraussagt, daß nur noch eine Elite das Privileg besitzt, arbeiten zu dürfen, während die Mehrheit mit dem Konsum beschäftigt ist? Tatsächlich könnte das eine Lösung des Problems sein, aber damit würde die Mehrheit in einen paradoxen Zustand der Sklaverei zurückversetzt, nämlich zu verantwortungslosen und nutzlosen Parasiten herabgewürdigt, während allein der freie Mann das Recht auf ein erfülltes Leben einschließlich Arbeit hätte. *Wenn der Mensch bei den Produktions- und Organisationsprozessen passiv ist, wird er es auch in seiner Freizeit bleiben.* Wenn er seiner Verantwortung und seiner Teilnahme am Vorgang der Lebenserhaltung entsagt, wird er auch in allen anderen Lebensbereichen die passive Rolle übernehmen und von denen abhängig sein, die ihn versorgen. Wir können das schon heute beobachten. Wir haben mehr Freizeit als je zuvor, aber die meisten Menschen ergeben sich darin jenem Passivsein, das ihnen durch die Methoden der entfremdeten Bürokratie aufgezwungen wurde. Freizeit wird vorwiegend zum Zuschauen oder zum Konsum benutzt; nur selten wird sie einmal Ausdruck des Aktivseins.

Wenn der Mensch von der Verantwortung für das Funktionieren des Produktions- und Verwaltungssystems befreit wäre, würde er ein völlig hilfloses Wesen werden, das keinerlei Selbstvertrauen hat und von der Maschine und ihren Spezialisten abhängig ist; er wäre nicht nur außerstande, seine Freizeit aktiv zu nutzen, sondern sähe sich auch gleich einer Katastrophe gegenüber, wenn das reibungslose Funktionieren des

Systems einmal in Frage gestellt wäre.

In dieser Hinsicht muß noch etwas, und zwar etwas sehr Wichtiges erwähnt werden. Selbst wenn die Maschinen alle Arbeiten übernehmen könnten, die gesamte Planung, alle organisatorischen Entscheidungen und sogar die gesamte Gesundheitsvorsorge, können sie doch nicht jene Probleme aus der Welt schaffen, die in den zwischenmenschlichen Beziehungen auftauchen. In diesem Bereich menschlicher Urteile, Reaktionen, Verantwortung und Entscheidung kann die Maschine dem Menschen nichts abnehmen. Manche sind zwar – wie etwa Marcuse – der Überzeugung, daß es in einer kybernetisch gesteuerten «nichtrepressiven» Gesellschaft, die materiell völlig befriedigt ist, keine menschlichen Konflikte von der Art mehr geben werde, wie sie in den Dramen der Griechen und Shakespeares oder in den großen Romanen ihren Ausdruck fanden. Ich begreife, daß völlig entfremdete Menschen die Zukunft der menschlichen Existenz in dieser Weise sehen, aber ich fürchte, sie verraten damit mehr über die Grenzen ihres eigenen Gefühlslebens als über die zukünftigen Möglichkeiten. Die Annahme, daß zwischenmenschliche Probleme, Konflikte und Tragödien verschwinden, sobald es keine unerfüllten materiellen Bedürfnisse mehr gibt, ist ein kindischer Tagtraum.

Eine aktive Teilnahme an den Angelegenheiten des gesamten Staates sowie der Länder und Gemeinden oder der Großunternehmen würde die Bildung von Gruppen erfordern, die unmittelbar von Angesicht zu Angesicht Informationen austauschen, strittige Fragen diskutieren und darüber entscheiden. Ehe wir den Aufbau dieser Gruppen innerhalb von zentralisierten Unternehmen oder zur politischen Entscheidungsfindung erörtern, sollten wir jedoch einen Blick auf die charakteristischen Züge werfen, die solche unmittelbaren Gruppen haben müßten.

Erstens muß die *Anzahl* der Teilnehmer in der Weise eingeschränkt sein, daß die Diskussionen direkt bleiben und kein rhetorischer oder manipulierender Einfluß von Demagogen wirksam werden kann. Wenn Menschen regelmäßig zusammenkommen und sich kennenlernen, entwickeln sie ein Gefühl dafür, wem sie vertrauen können und wem nicht, wer Konstruktives beiträgt und wer nicht; außerdem wächst durch ihre Teilnahme ihr Verantwortungsgefühl und ihr Selbstvertrauen.

Zweitens müssen die Gruppen objektive und sinnvolle *Informationen* zur Verfügung haben, damit jeder sich ein einigermaßen klares und zutreffendes Bild von den strittigen Fragen machen kann.

Die Frage nach der Angemessenheit von Informationen wirft vielerlei Probleme auf, die uns zu einigen Abschweifungen zwingen. Sind die strittigen Fragen, mit denen wir es in der Außen- und Innenpolitik oder in der Verwaltung eines Großunternehmens zu tun haben, nicht so verwickelt und speziell, daß nur ein vollausgebildeter Spezialist sie verstehen kann? Wenn das so wäre, müßten wir auch zugeben, daß das demokratische Verfahren im traditionellen Sinne, nämlich der Beteiligung der Bürger an der Entscheidungsfindung, nicht mehr durchführbar wäre; wir müßten außerdem zugeben, daß die verfassungsgemäßen Aufgaben des Parlaments überholt sind. Der einzelne Abgeordnete besitzt ganz gewiß nicht die Spezialkenntnisse, die angeblich nötig sind. Und der Präsident selbst scheint auch vom Rat einer Gruppe hochtrainierter Spezialisten abhängig zu sein, da man ihm nicht zutraut, Probleme zu durchschauen, die außerhalb der Reichweite eines informierten und gebildeten Bürgers liegen. Kurz, wenn die Behauptung von der unüberwindbaren Verwicklung und Schwierigkeit der Daten und Tatsachen richtig wäre, wäre das demokratische Verfahren eine hohle Form, die eine Regierung durch reine Techniker verbrämt. Dasselbe müßte auch für die Vorgänge in der Unternehmensführung gelten. Wenn Spitzenmanager die höchst komplexen technischen Probleme nicht verständen, über die sie entscheiden müssen, müßten sie einfach die Entscheidungen ihrer technischen Experten anerkennen.

Die Vorstellung, heute seien die notwendigen Informationen derart schwierig und verwickelt geworden, daß nur noch Spezialisten sie verstehen können, rührt vor allem aus der Beobachtung her, daß angesichts der extremen Spezialisierung in den Naturwissenschaften oft nur noch wenige Wissenschaftler die Arbeit eines Kollegen auf ihrem eigenen Forschungsgebiet vollständig begreifen können. Zum Glück sind die meisten der für eine politische und unternehmerische Entscheidung nötigen Informationen nicht im selben Maße verwickelt oder speziell. Der Einsatz von Computern verringert sogar die Schwierigkeiten, weil sich damit verschiedene Modelle ausarbeiten und je nach den einprogrammierten Voraussetzungen verschiedene Endergebnisse darstellen lassen. Nehmen wir zum Beispiel die amerikanische Außenpolitik gegenüber dem Sowjetblock. Jede Entscheidung in diesem Bereich beruht auf einer genauen Untersuchung der sowjetischen Pläne und Absichten, auf der Kenntnis ihrer Ziele und ihrer Anpassungsfähigkeit bei deren Verfolgung, und zwar speziell insofern, als diese von ihrem Wunsch nach Vermeidung einer Katastrophe bestimmt ist. Dasselbe gilt natürlich auch für die amerikanische, chinesische oder deutsche Außenpolitik sowie für die Pläne und Absichten der amerikanischen Außenpolitik in dem Sinne, wie sie von gegnerischer Seite aufgefaßt werden. Ich bin der Meinung, daß die hierfür grundlegenden Tatsachen jedem zugänglich sind, der durch die Lektüre aller verfügbaren Nachrichten informiert ist. (Gewiß veröffentlichen nur wenige Zeitungen wie die *New York Times* alle wesentlichen Nachrichten, und sogar dort ist die Auswahl mitunter von Vorurteilen geprägt, aber das ließe sich ändern und berührt die eigentliche Frage nicht.) Aus dem Angebot von Meldungen kann der informierte, nachdenkliche und kritische Bürger durchaus jene grundlegenden Informationen gewinnen, die er für ein persönliches Bild von den strittigen Fragen braucht.

In weiten Kreisen herrscht die Auffassung, unsere Informationen seien beklagenswert unzureichend, weil wir keinen Zugang zu Geheiminformationen hätten. Ich glaube, daß damit die Bedeutung von Geheiminformationen überschätzt wird – ganz davon zu schweigen, daß sie oft einfach falsch sind, wie im Falle der Kuba-Invasion. Durch eine gründliche und rationale Untersuchung der Struktur und des früheren Verhaltens anderer Länder läßt sich der größte Teil der für ein Verständnis ihrer Absichten nötigen Informationen gewinnen, falls sich die Untersuchungen dabei nicht von ihren eigenen Gefühlen beeinflussen lassen. Einige der besten Studien über die Sowjetunion, über China oder über die Ursprünge des Kalten Krieges usw. stammen aus der Feder von Wissenschaftlern, die überhaupt keinen Zugang zu Geheiminformationen hatten. Tatsächlich ist die Lage so: je weniger man einer eingehenden und kritischen Untersuchung der vorliegenden Nachrichten vertraut, um so stärker verlangt man nach Geheiminformationen, die oft ein schlechter Ersatz für eigene Untersuchungen sind. Ich will nicht bestreiten, daß hier trotzdem ein Problem liegt; es kann von Bedeutung sein, wenn der militärische Geheimdienst die entscheidenden Männer über neue Raketenbasen, Atomexplosionen und dergleichen unterrichtet; doch wenn man sich ein zutreffendes Bild von den Zielen und Schwierigkeiten des anderen Landes gemacht hat, sind derartige Informationen und besonders ihre Beurteilung sekundär im Vergleich mit den allgemeinen Untersuchungsergebnissen. Ich will also nicht behaupten, daß Geheiminformationen bedeutungslos seien, sondern nur, daß eine gründliche kritische Untersuchung der verfügbaren Nachrichten für ein wohlerwogenes Urteil ausreicht. Zudem ist es umstritten, ob tatsächlich so viele Informationen geheim bleiben müssen, wie die politische und militärische Bürokratie uns glauben machen will. Denn zunächst einmal entspricht die Sucht nach Geheimhaltung sehr den Wünschen der Bürokratie, weil dadurch eine Hierarchie der Kompetenzen unterstützt wird, die nach dem Zugang zu verschiedenen Geheimhaltungs-Stufen bestimmt ist. Außerdem vergrößert sich dadurch ihre Macht, denn in jeder Gruppe, vom primitivsten Volksstamm bis zu einer komplexen Bürokratie, verleiht offenbar der Besitz von Geheimnissen besondere magische Kräfte und Überlegenheit über den Durchschnittsmenschen. Doch abgesehen von diesen Erwägungen dürfte es höchst zweifelhaft sein, ob die Vorteile der Geheimhaltung einiger Informationen (zumal beide Seiten wissen, daß manche ihrer Geheimnisse der anderen ohnehin bekannt sind) deren soziale Folgerungen aufzuwiegen vermögen; denn die Geheimhaltung untergräbt das Vertrauen der Bürger und all jener Parlaments- und Regierungsmitglieder, die für ihre Entscheidungsaufgaben – im Gegensatz zu den wenigen Auserwählten – keinen Zugang zu streng geheimen Informationen haben. Es dürfte sich herausstellen, daß die militärischen und diplomatischen Vorteile der Geheimhaltung weit geringer sind als ihr Schaden für unser demokratisches System.

Nach dieser Abschweifung nun zurück zum Problem der Information innerhalb der unmittelbaren Gruppen; wir müssen uns fragen: a) Wie können die notwendigen Informationen zu der Gruppe geleitet werden, für die sie Bedeutung besitzen? b) Und wie kann unsere Erziehung die Fähigkeit zum kritischen Denken vergrößern, statt die Erzogenen zu Informations-Verbrauchern zu machen? Es wäre nutzlos, im einzelnen die Art und Weise zu erörtern, wie diese Informationen übermittelt werden sollten. Sobald genügend großes Interesse dafür vorhanden ist, stehen der Entwicklung angemessener Verfahren keine Hindernisse entgegen.

Eine zweite Voraussetzung für das Funktionieren der unmittelbaren Gruppen ist die *Debatte*. Da die Mitglieder sich zunehmend besser kennenlernen, werden ihre Aussprachen jede Schärfe und jeden Schlagwortcharakter verlieren und sich von Streitgesprächen zu *Dialogen* zwischen menschlichen Wesen entwickeln. Zwar dürfte es immer Fanatiker und mehr oder weniger kranke oder dumme Menschen geben, die an einer solchen Debatte nicht wirklich teilnehmen können, aber es läßt sich doch eine Atmosphäre schaffen, durch die – ohne jede Gewalt – die Wirkung derartiger Einzelner in den Gruppen ausgeschaltet wird. Für die Möglichkeit eines Dialogs ist wesentlich, daß sich jedes Gruppenmitglied bemüht, nicht rechthaberisch, sondern offen zu sein und vor allem zu verstehen, was ein anderer wirklich meint, ohne der zufälligen Formulierung des Gedankens allzuviel Bedeutung beizumessen. In einem fruchtbaren Dialog muß jeder Teilnehmer dafür sorgen, dem anderen eher bei der Klärung seines Gedankens zu helfen, statt ihn zur Verteidigung von Formulierungen zu zwingen, an denen er vielleicht selbst zweifelt. Dialog bedeutet immer, gemeinsam Klarheit zu schaffen und oft sogar den anderen besser zu verstehen, als man sich selbst versteht.

Letztlich bleiben jedoch die Informationen und die Debatten steril und wirkungslos, wenn die Gruppe keine *Entscheidungsbefugnis* hat und ihre Entscheidungen nicht in die wirklichen Vorgänge auf dem betreffenden sozialen Sektor übertragen kann. Es stimmt zwar, daß der Mensch erst einmal denken muß, um handeln zu können; aber es ist auch richtig, daß das Denken eines Menschen, der keine Gelegenheit zum Handeln bekommt, austrocknet und an Kraft verliert.

Eine genaue Übersicht, zu welchen Entscheidungen diese unmittelbaren Gruppen innerhalb eines Unternehmens herangezogen werden sollten, läßt sich unmöglich geben. Es liegt jedoch auf der Hand, daß schon Information und Debatte einen erzieherischen Wert haben und die Teilnehmer verwandeln. Zu Anfang werden sie wohl häufiger falsche Entscheidungen treffen als nach langjähriger Praxis. Folglich müßte der Entscheidungsbereich wachsen, während die Gruppen denken, debattieren und urteilen lernen. Zunächst könnte ihre Entscheidungsbefugnis auf das Recht beschränkt bleiben, von der jeweiligen Bürokratie die Erläuterung gewisser Entscheidungen oder bestimmte notwendige Informationen zu verlangen und der Geschäftsleitung eigene Pläne, Regelungen und Vorschriften zur Beratung vorzulegen. Der nächste Schritt wäre dann das Recht, durch eine qualifizierte Mehrheit eine erneute Beratung von Entscheidungen zu erzwingen. Und schließlich bekämen die unmittelbaren Gruppen das Recht, über die grundlegenden Handlungsprinzipien abzustimmen, während die Durchführung weiterhin im wesentlichen der Geschäftsleitung überlassen bliebe. Die Entscheidungen der unmittelbaren Gruppen würden in den Gesamtprozeß der Entscheidungsfindung eingegliedert und somit den Grundsatz einer zentralen Planung durch die Kontrolle und Initiative der «Subjekte» ergänzen. Auch die Verbraucher sollten bei der Entscheidungsfindung vertreten sein.

Die Entstehung von Industriegewerkschaften war ein Schritt in dieser Richtung. Leider hat der Gang der Ereignisse diese Organisation in den letzten Jahrzehnten von ihren ursprünglich sehr weitgespannten sozialen Zielen abgelenkt. Heute sichern sie ein gewisses Maß von Arbeiterkontrolle über betriebsinterne Fragen, aber ihr Wirkungsbereich geht zumeist kaum über Löhne, Arbeitszeit und bestimmte Arbeitspraktiken hinaus. Außerdem haben sie sich nur zu oft in enthumanisierte Bürokratien verwandelt und müßten sich selbst völlig neu organisieren, wenn sie ihre Verpflichtung zu einer vollständigen Beteiligung der Mitglieder erfüllen wollen.

Nun ein paar Beispiele für die Grundprobleme, die in den unmittelbaren Gruppen erörtert werden sollten: In einer Fabrik etwa würden die Teilnehmer alle wesentlichen Fragen besprechen, über die Entscheidungen getroffen werden müssen, also Produktionsverlauf, Änderungen der Produktionstechnik, Arbeitsbedingungen, Wohnungsfragen der Betriebsangehörigen, Probleme der Aufsicht über Arbeiter oder Angestellte usw. Die verschiedenen möglichen Vorgehensweisen müßten ausgearbeitet und die Argumente für oder gegen jede dieser Alternativen deutlich gemacht werden.

Die Teilnehmer der unmittelbaren Gruppen könnten an allen Unternehmen mitwirken, im Geschäftsleben genauso wie im Bildungs- oder Gesundheitswesen. Die Gruppen würden in den jeweiligen Abteilungen arbeiten und mit den Problemen ihrer Abteilung befaßt sein. Und was Erörterungen über den Gesamtbetrieb angeht, so könnten diese in allen Gruppen stattfinden und die Ergebnisse dann zusammengefaßt werden. Auch hier hat es keinen Sinn, im einzelnen Vorschläge für diese Art von Organisation zu machen, da die Ausarbeitung der Einzelheiten eine ganze Reihe von Versuchen erfordern wird.

Was über die Teilnahme an Privatunternehmen jeglicher Art gesagt wurde, gilt auch für das politische Leben. Angesichts der Größe und

Kompliziertheit moderner Nationalstaaten ist die Vorstellung, daß der Wille aller zum Ausdruck kommen müsse, auf einen Wettstreit verschiedener Parteien und Berufspolitiker heruntergekommen; die meisten von ihnen schneidern im Wahljahr ihr Programm so zurecht, wie es nach Auskunft der Meinungsforscher die meisten Stimmen bringen wird; sobald sie gewählt sind, handeln sie entsprechend dem wechselnden Druck, der auf sie ausgeübt wird, wobei der Wählerwille einer unter vielen ist; und nur einige wenige handeln auf Grund ihrer Kenntnis der strittigen Fragen, ihrer persönlichen Betroffenheit oder ihrer Überzeugung.

Eines ist sicher: es besteht ein auffälliger Zusammenhang zwischen der Bildung und der politischen Meinung der Wähler. Die am schlechtesten informierten neigen eher zu irrationalen, fanatischen Lösungen, während die besser gebildeten eine Tendenz zu realistischeren und rationaleren Lösungen zeigen. Da es aus vielen Gründen weder durchführbar noch erstrebenswert ist, das allgemeine Wahlrecht zugunsten der Gebildeten einzuschränken, und da die demokratische Gesellschaftsform einer autoritären (bei der man kaum damit rechnen kann, daß Philosophen Könige werden) überlegen ist, besteht auf lange Sicht für die demokratische Verfahrensweise nur eine Chance: sie muß den Bedingungen des zwanzigsten Jahrhunderts durch eine politische Neu-Orientierung angepaßt werden, in deren Verlauf die Wähler über die Probleme ihrer Gesellschaft informiert und dafür interessiert werden, so wie sich die Mitglieder einer Bürgerversammlung mit den Problemen ihrer Stadt befaßten. Die hohe Entwicklung der Kommunikationstechniken kann in diesem Vorgang sehr hilfreich sein.

Eine Entsprechung zur Bürgerversammlung, die in der technischen Gesellschaft zu verwirklichen ist, könnte etwa folgendermaßen aussehen: es wird eine Art Unterhaus gebildet, das sich aus vielen Tausenden von Gruppen in der Größe von Bürgerversammlungen zusammensetzt, die gut informiert sein müßten und die über die Grundlinien des politischen Handelns debattieren und entscheiden; diese Entscheidungen würden in das bestehende System der Gewaltenteilung ein neues Element hineinbringen; außerdem würde die Computertechnik gestatten, die Entscheidungen der Bürgerversammlung sehr schnell auszuwerten. Mit zunehmender politischer Bildung könnten sie in wachsendem Maße an den Entscheidungsprozessen auf nationaler und einzelstaatlicher Ebene teilhaben. Und da diese Versammlungen auf Grund von guten Informationen debattieren würden, wären ihre Entschlüsse grundsätzlich von anderer Art als etwa ein Plebiszit oder eine Meinungsumfrage.

Allerdings sind derartige Änderungen nur unter der Bedingung denkbar, daß in den Vereinigten Staaten die Macht an diejenigen Organe zurückgegeben wird, die der Verfassung gemäß auf den verschiedenen Gebieten damit verantwortlich betraut sind. Die Verflechtung von Militär und Industrie droht nämlich viele Funktionen der Legislative und Exekutive zu übernehmen. Der Senat hat einen Großteil seines verfassungsmäßigen Einflusses auf die Außenpolitik verloren; obwohl Senator J. William Fulbright, der Vorsitzende des außenpolitischen Senatsausschusses, mit Mut und Phantasie soviel wie möglich davon zu retten sucht, sind die Streitkräfte bei der Festlegung der Politik immer einflußreicher geworden. Wenn man die Größe des amerikanischen Verteidigungshaushalts bedenkt, erstaunt es kaum, daß sich das Verteidigungsministerium und der CIA, der ohne wirksame Kontrolle durch andere Zweige des Regierungssystems arbeitet, immer weiter ausdehnen. Dies ist zwar verständlich, aber es stellt eine schwere Gefahr für unser demokratisches System dar, und diese Gefahr ist nur abzuwenden, wenn die Wähler entschlossen zum Ausdruck bringen, daß sie ihren Willen wieder durchsetzen wollen.[8]

Wenn wir von den Problemen der Politik und der Wirtschaft nun zu denen der Kultur zurückkehren, stellen wir fest, daß die Veränderung dort ganz ähnlich verlaufen muß: von einer passiven Verbraucherkultur zu einer aktiven Teilnehmerkultur. Hier ist nicht der Ort, um ins einzelne zu gehen, aber die meisten Leser werden sofort den Unterschied zwischen einer *Zuschauer*-Kunst (entsprechend dem Zuschauer-Sport) und einer *aktiven* Kunst sehen, die sich in kleinen Theatergruppen, im Tanz, in der Musik, im Lesen und auf andere Weise verwirklicht.

Genau dieselbe Unterscheidung wie zwischen Zuschauer-Kunst und aktiver Kunst muß auch im Bildungsbereich getroffen werden. Unser Bildungssystem hat zwar eine eindrucksvolle Fassade, wenn man die Zahl der Studenten bedenkt, die ein College besuchen; aber seine Qualität überzeugt nicht. Denn die Bildung ist, allgemein gesprochen, zu einem Werkzeug des sozialen Aufstiegs heruntergekommen; im besten Falle benutzt sie die Erkenntnis zur praktischen Anwendung im «nahrungssammelnden» Sektor des menschlichen Lebens. Sogar in den Geisteswissenschaften wird – wenn auch nicht so autoritär wie beim französischen Erziehungssystem – der Unterricht in einer entfremdeten und intellektuellen Form abgehalten. Kein Wunder deshalb, daß die klügsten Studenten davon buchstäblich «die Nase voll haben», weil sie vollgestopft und nicht angeregt werden. Sie sind unzufrieden mit der geistigen Nahrung, die ihnen – zwar glücklicherweise nicht in allen Fällen, aber doch überwiegend – vorgesetzt wird, und neigen deshalb dazu, kurzerhand alle traditionellen Schriften, Werte und Ideen abzulehnen. Es ist müßig, diese Tatsache zu beklagen. Man muß ihre Voraussetzungen ändern, und das kann nur geschehen, wenn die Entzweiung von Gefühlsleben und Denken durch eine Einheit von Herz und Geist ersetzt wird. Die Lektüre der «hundert größten Bücher» kann das nicht bewerkstelligen – dies wäre konventionell und phantasielos. Es läßt sich nur erreichen, wenn die Lehrer und Professoren aufhören, Bürokraten zu sein, die ihren Mangel an Lebendigkeit hinter ihrer Rolle als bürokratische Verteiler von Wissensstoff verbergen; und wenn sie, mit einem Wort von Tolstoi, zu «Mitschülern ihrer Schüler und Studenten» werden. Solange die Schüler und Studenten sich nicht bewußt sind, welch eine Bedeutung die Ansätze der Philosophie, Psychologie, Soziologie und Anthropologie für ihr persönliches Leben und für das Sozialleben haben, können nur die Schwächerbegabten ihr Pensum aufmerksam erledigen. Aus diesem Grund wird der scheinbare Reichtum unserer Bildungsanstrengungen zu einer hohlen Fassade, hinter der sich ein tiefer Mangel an Reaktionen auf die größten Kulturleistungen unserer zivilisierten Geschichte verbirgt. Wenn die Studenten in aller Welt eine stärkere Beteiligung an der Hochschulverwaltung und an der Festlegung der Bildungspläne fordern, sind dies nur die äußeren Anzeichen für ihr Verlangen nach einer anderen Art von Bildung. Falls die Bildungsbürokratie diese Botschaft nicht begreift, wird sie bei den Studenten und letztlich auch bei der übrigen Bevölkerung allen Respekt verlieren. Wenn sie dagegen «verletzlich» und offen auf die Wünsche der Studenten eingeht, wird sie jene Befriedigung und Freude empfinden, die jede sinnvolle Tätigkeit belohnt.[9] Solch ein erzieherischer Humanismus gilt natürlich nicht nur für die höheren Bildungseinrichtungen, sondern er muß bereits im Kindergarten und in der Grundschule beginnen. Daß sich dies sogar im elementaren Schreib- und Leseunterricht armer Bauern und Slum-Bewohner verwirklichen läßt, haben die Erfolge von Professor P. Freire in Brasilien und neuerdings auch in Chile gezeigt.

Zum Abschluß dieser Erörterungen über die unmittelbaren Gruppen bitte ich meine Leser, sich nicht mit der Erwägung aufzuhalten, welchen Wert meine hier zusammengetragenen Vorschläge haben. Sie sind nur als Erläuterungen für das Prinzip der Teilnahme aller gedacht und entspringen nicht dem Glauben, daß irgendeiner dieser Vorschläge schon die beste Lösung sei. Um im einzelnen über die verschiedenen Möglichkeiten bei der Bildung von unmittelbaren Gruppen zu schreiben, wäre mindestens ein weiterer Band nötig; und das würde nur einer von vielen sein, die noch von anderen Autoren über dieses Thema geschrieben werden müssen. Meine Vorschläge für eine Aktivierung durch Teilnahme zielen auf eine Wiederbelebung des demokratischen Verfahrens ab. Sie beruhen auf der Überzeugung, daß die Demokratie gekräftigt und mit neuem Leben erfüllt werden muß, wenn sie nicht dahinsiechen will. Denn statisch bleiben kann sie nicht.

4. Der humanisierte Konsum

Die Aktivierung des Menschen in der technischen Gesellschaft verlangt einen weiteren Schritt, der ebenso wichtig ist wie die Ersetzung der entfremdet-bürokratischen durch eine humanistische Organisation.

Wiederum bitte ich meine Leser, die folgenden Vorschläge nur als Illustration für die angestrebten Möglichkeiten zu verstehen und nicht als festumrissene Ziele und Verfahrensweisen.

Bis zur Gegenwart ist unser Industriesystem dem Grundsatz gefolgt, jeder Wunsch und jede Begierde des Menschen müsse unterschiedslos anerkannt werden und die Gesellschaft solle, wenn möglich, alle Begierden des Menschen befriedigen. Von diesem Grundsatz machen wir nur wenige Ausnahmen; zum Beispiel beschränken oder verbieten bestimmte Gesetze den Genuß von Alkohol ohne Rücksicht auf die Begierde einiger Menschen, so viel zu trinken, wie sie möchten; strengere Gesetze richten sich gegen den Gebrauch von Rauschgiften, und schon der Besitz einer Droge wie Marihuana (deren Schädlichkeit umstritten ist) wird mit schweren Strafen bedroht; außerdem beschränken wir den Verkauf und das öffentliche Angebot von sogenannter Pornographie. Und schließlich verbieten unsere Gesetze den Verkauf von gesundheitsgefährdenden Nahrungs- und Arzneimitteln. In diesen Bereichen hat sich in der Gesetzgebung die allgemeine Übereinstimmung niedergeschlagen, daß es Begierden gibt, die für den Menschen schädlich sind und nicht befriedigt werden sollten, obwohl einige sehr stark danach verlangen mögen. Man könnte argumentieren, die sogenannte Pornographie sei keine wirkliche Gefahr, außerdem habe die *versteckte* Lüsternheit unserer Werbung zumindest ebensoviel sexuelle Reizwirkung wie die unverblümte Pornographie; trotzdem wird anerkannt, daß der Freiheit zur Befriedigung subjektiver Begierden Grenzen gesetzt sind. Allerdings sind diese Einschränkungen im wesentlichen von zwei Prinzipien bestimmt: von der Sorge, daß etwas körperlich schädlich sei, und von rudimentären Restbeständen der puritanischen Moral. Es ist deshalb an der Zeit, den Gesamtbereich der subjektiven Bedürfnisse zu erforschen und festzustellen, ob ihr *Vorhandensein* ein hinreichender Grund für ihre Befriedigung ist; wir sollten also das anerkannte Prinzip, alle Bedürfnisse müßten ohne Rücksicht auf ihre Ursprünge oder Auswirkungen befriedigt werden, in Frage stellen und überprüfen.

Der Suche nach einer angemessenen Lösung stehen zwei machtvolle Hindernisse entgegen. Zunächst einmal die Interessen der Industrie: durch die viel zu vielen entfremdeten Menschen, die sich ein Produkt, das sie aktiver statt passiver machen könnte, gar nicht vorzustellen vermögen, wird ihre Phantasie beflügelt. Außerdem kann sie durch die Werbung Bedürfnisse und Wünsche erschaffen, die sich vorausberechnen lassen; deshalb besteht wenig Gefahr, eine Einbuße des Profits zu erleiden, wenn die Industrie in erprobter Weise erst ein Bedürfnis schafft und dann die Produkte zu seiner Befriedigung verkauft.

Die zweite Schwierigkeit liegt in einem eigentümlichen Freiheitsbegriff, der immer größere Bedeutung erlangt. Die wichtigste Freiheit im neunzehnten Jahrhundert war die Freiheit, sein Eigentum in jeglicher

Weise, die einen Profit versprach, zu nutzen und zu investieren. Da die Chefs der Unternehmen gleichzeitig die Eigentümer waren, verteidigten sie aus ihrem Erwerbsinteresse mit Nachdruck diese Freiheit der Kapital-Nutzung und -Investition. In der Mitte des zwanzigsten Jahrhunderts haben die meisten Amerikaner kaum viel Privateigentum – obwohl eine vergleichsweise große Zahl von Menschen beträchtliche Vermögen besitzt. Aber der durchschnittliche Amerikaner ist Angestellter, und er gibt sich mit relativ kleinen Ersparnissen in bar, in Aktien, Pfandbriefen oder als Lebensversicherung zufrieden. Für ihn ist die Freiheit der Kapitalinvestition deshalb eine recht unbedeutende Sache; und selbst für die Mehrheit derer, die Aktien kaufen können, ist dies nur eine andere Form des Glücksspiels, bei dem sie nach den Empfehlungen von Investitions-Beratern handeln oder sich einfach einem Investment-Fonds anvertrauen. Aber das wirkliche Gefühl der Freiheit liegt heute in einem anderen Bereich – im Konsum. Hier darf jeder, der nicht zu den Unterprivilegierten zählt, die *Freiheit des Konsumenten* erleben.

Gewiß, der Einzelne ist machtlos, er kann nur ganz geringfügig Einfluß nehmen auf die Angelegenheiten des Staates oder des Unternehmens, in dem er beschäftigt ist. Er hat einen Vorgesetzten, dieser hat ebenfalls einen Vorgesetzten, der Vorgesetzte seines Vorgesetzten hat wieder einen Vorgesetzten, und schließlich bleiben nur noch einige wenige übrig, die keinen Vorgesetzten haben und nicht dem Programm der Verwaltungs-Maschinerie gehorchen, von der sie ein Teil sind. Aber welche Macht hat der Einzelne als Verbraucher! Es gibt Dutzende von verschiedenen Zigarettenmarken, Zahnpasten, Seifen, Desodorantien, Radios, Fernsehgeräten, Film- und Fernsehprogrammen usw. Und sie alle werben um seine Gunst. Sie alle sind «nur zu seinem Vergnügen da». Er hat die Freiheit, eins dieser Angebote den anderen vorzuziehen, und vergißt dabei, daß sie sich im Grund gar nicht unterscheiden. Aber diese Freiheit, einer bevorzugten Ware seine Gunst erweisen zu können, schafft ein Machtgefühl; der menschlich Machtlose wird als Käufer und Konsument mächtig. Hat es also einen Sinn, dieses Machtgefühl einzuschränken, indem man die Freiheit der Wahl beim Konsum beschränkt? Dies ist offenbar nur unter einer Voraussetzung möglich: daß sich das ganze Gesellschaftsklima ändert und dem Menschen gestattet, wirklich aktiv zu sein und sich für seine eigenen und die Angelegenheiten der Gesellschaft zu interessieren; denn dann braucht er nicht mehr die Scheinfreiheit eines Königs der Supermärkte.[10]

Der Versuch, das Grundprinzip des unbegrenzten Konsums in Frage zu stellen, hat auch noch eine andere Schwierigkeit zu überwinden. Zwanghafter Konsum ist nämlich eine Kompensation für die Angst. Wie bereits erwähnt, entspringt das Bedürfnis nach dieser Art von Konsum aus dem Gefühl innerer Leere, Hoffnungslosigkeit, Verwirrtheit und Anspannung. Durch das In-sich-Aufnehmen von Konsumartikeln vergewissert sich der einzelne, daß er jemand ist. Wenn der Konsum eingeschränkt würde, dürfte deshalb sehr viel Angst manifest werden. Und der Widerstand gegen die mögliche Erregung von Angst würde die Bereitschaft zu einer Einschränkung des Konsums verringern.

Das sprechendste Beispiel für diesen Mechanismus ist die öffentliche Einstellung zum Zigarettenkonsum. Trotz der allgemein bekannten gesundheitlichen Gefahren rauchen die meisten Menschen weiterhin Zigaretten. Tun sie das, weil sie lieber das Risiko eines frühen Todes eingehen als auf ein Vergnügen verzichten? Eine Untersuchung der Einstellung von Rauchern zeigt, daß dies in großem Maße eine Ausrede ist. Der Zigarettenkonsum lindert verborgene Ängste und Spannungen, und man setzt lieber die Gesundheit aufs Spiel, als sich der eigenen Angst auszusetzen. Doch sobald die Qualität des Lebensprozesses bedeutungsvoller würde, als sie es heute ist, werden viele Menschen das Rauchen oder den übertriebenen Konsum einstellen; und zwar nicht um ihrer physischen Gesundheit willen, sondern weil sie nur, wenn sie ihren Ängsten ins Gesicht sehen, zu einem produktiveren Leben finden können. (Nebenbei bemerkt, ist in den meisten Fällen der zwanghafte Trieb zu einem Vergnügen – einschließlich des Sexualtriebes – nicht von dem Wunsch nach Vergnügen hervorgerufen, sondern von dem Bestreben, der Angst auszuweichen.)

Das Problem einer Einschränkung des Konsums ist so schwer abzuschätzen, weil sogar in der Wohlstandsgesellschaft der Vereinigten Staaten nicht alle unzweifelhaft legitimen Bedürfnisse befriedigt werden. Das gilt für mindestens 40 Prozent der Bevölkerung. Wie können wir also eine Einschränkung des Konsums ins Auge fassen, wenn das optimale Konsumniveau nicht einmal erreicht ist? Die Antwort auf diese Frage muß von zwei Überlegungen bestimmt sein. Erstens hat der wohlhabendere Teil der Bevölkerung bereits den Punkt erreicht, wo Konsum schädlich ist; zweitens schafft die Zielvorstellung eines ständig wachsenden Konsums sogar schon vor Erreichung des optimalen Konsumniveaus eine geistige Grundhaltung, die nicht nur legitime Bedürfnisse befriedigt sehen will, sondern von einem endlosen Weiterwachsen der Bedürfnisse und ihrer Befriedigungen träumt. Mit anderen Worten: die Vorstellung eines unbegrenzten Anstiegs der Produktions- und Verbrauchs-Kurve trägt, noch ehe der Gipfelpunkt erreicht ist, erheblich zur Entwicklung von Passivität und Gier bei.

Trotz dieser Überlegungen glaube ich, daß die Umbildung unserer Gesellschaft in eine dem Leben dienende Organisation das Konsumverhalten und damit direkt auch die Produktionsgewohnheiten der heutigen Industriegesellschaft ändern muß. Solch ein Wandel kann natürlich nicht durch bürokratische Verordnungen zustande kommen, sondern allein durch Untersuchungen, Informationsaustausch, Diskussionen und Beschlüsse seitens einer Bevölkerung, die gelernt hat, zwischen lebensfördernden und lebensbehindernden Bedürfnissen zu unterscheiden.

Ein erster Schritt in dieser Richtung wären Untersuchungen (die meines Wissens noch nie ernstlich in Angriff genommen wurden) über den Unterschied zwischen diesen beiden Arten von Bedürfnissen. Eine Gruppe von Psychologen, Soziologen, Wirtschaftswissenschaftlern und Verbrauchervertretern könnte darangehen, jene Bedürfnisse zu umreißen, die insofern «human» sind, als sie dem Wachstum und der Freude des Menschen dienen, und sie von den synthetischen Bedürfnissen abheben, die von der Industrie und ihren Werbekampagnen geweckt werden, um Märkte für gewinnbringende Investitionen zu erschließen. Wie bei so vielen anderen Problemen geht es auch hier nicht so sehr um die Schwierigkeit der Unterscheidung zwischen den beiden Bedürfnistypen und gewissen Übergangsformen, sondern darum, daß diese außerordentlich gewichtige Frage überhaupt aufgeworfen wird; das kann nur geschehen, wenn die Sozialwissenschaftler beginnen, sich mehr um den Menschen als um das angeblich nötige, reibungslose Funktionieren unserer Gesellschaft oder um ihre eigene Aufgabe als deren Verteidiger zu kümmern.

Hier muß nun eine allgemeine Überlegung über den Begriff des Glücks eingeschaltet werden. Der Begriff «Glück» hat eine lange Geschichte, und dies ist nicht der Ort, seinen Bedeutungswandel vom griechischen Hedonismus bis zur Gegenwart abzuleiten. Nur so viel: das, was die meisten Menschen heute als Glück betrachten, ist in Wahrheit ein Zustand völliger Befriedigung ihrer Bedürfnisse – ohne Rücksicht auf deren Qualität; wenn Glück in diesem Sinne verstanden wird, fehlt allerdings eine wesentliche Einschränkung, die es bei den griechischen Philosophen hatte: daß Glück nicht ein Zustand der Befriedigung von rein subjektiven Bedürfnissen ist, sondern von jenen Bedürfnissen, die für die gesamte Existenz und die Möglichkeiten des Menschen objektiv wertvoll sind. Wir sollten daher lieber von Freude oder von intensivem Lebendigsein als von Glück sprechen. Ein empfindsamer Mensch kann nicht nur in einer irrationalen, sondern auch in der besten aller Gesellschaften kaum vermeiden, durch die unausweichlichen Tragödien des Lebens tief traurig gemacht zu werden. Freude und Trauer sind für den empfindsamen und lebensvollen Menschen unvermeidbare Erfahrungen. In der heutigen Bedeutung bezeichnet der Ausdruck Glück einen oberflächlichen, zufriedenen Zustand der Sättigung und nicht eine Bedingung, die die Fülle der menschlichen Erfahrung begleitet; «Glück» könnte man als die entfremdete Form der Freude bezeichnen.

Wie kann ein solcher Wandel in den Konsum- und Produktionsgewohnheiten erreicht werden? Zunächst einmal ist es durchaus möglich, daß viele einzelne ihr Konsumverhalten zu ändern versuchen. In gewissem Maße wird das bereits in kleinen Gruppen verwirklicht – nicht als Askese oder Armut, sondern als lebenbejahender Konsum im Gegensatz zu einem lebenverneinenden. Diese Unterscheidung läßt sich allerdings

WANDEL

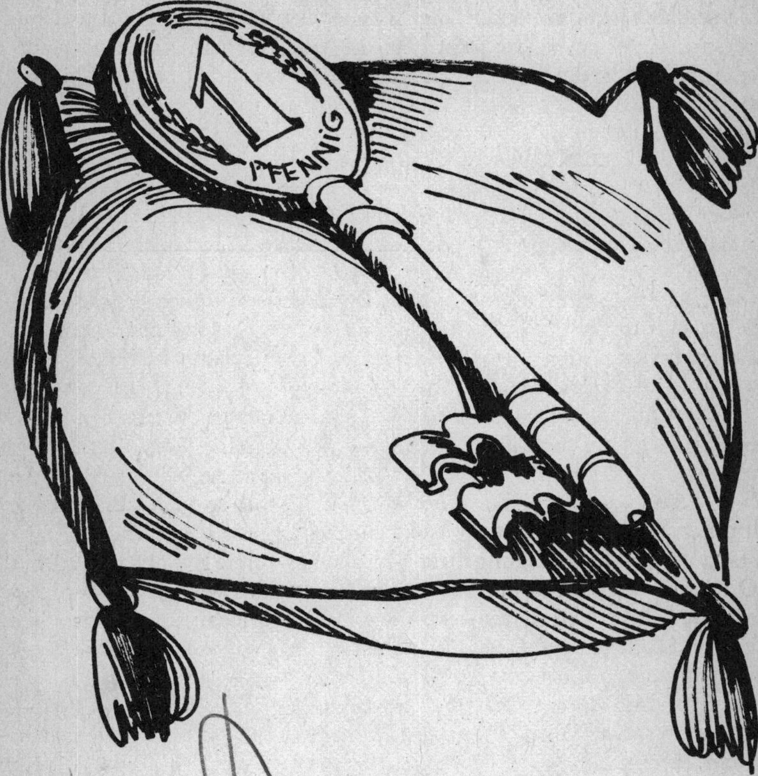

Ein glückliches Leben . . .

. . . besteht in erster Linie aus dem völligen Mangel an Sorgen, schrieb Cicero.

Um Mangel an Sorgen zu haben, darf es am Geld nicht mangeln. Geldmangel aber ist mitunter die Folge mangelnder Vorsorge.

Geld, sagt man, mache nicht glücklich, aber es macht wenigstens sorgenfrei. Geld ist die beste Not-Bremse.

Pfandbrief und Kommunalobligation

Meistgekaufte deutsche Wertpapiere - hoher Zinsertrag - schon ab 100 DM bei allen Banken und Sparkassen

Verbriefte Sicherheit

nur treffen, wenn man ein klares Bewußtsein von Leben, Aktivsein, Anregung und ihrem Gegenteil besitzt. Ein Kleidungsstück, ein Kunstwerk, ein Haus kann unter die eine oder die andere Kategorie fallen. Das Kleidungsstück, das der Mode folgt und von den Profitinteressen der Textilindustrie und ihrer Werbeabteilung bestimmt wird, unterscheidet sich deutlich von einem Kleidungsstück, das schön oder anziehend und mit persönlichem Geschmack ausgewählt ist. Eine Anzahl von Bekleidungsfirmen könnte beschließen, für jene Frauen zu produzieren, die lieber das tragen, was ihnen gefällt, als was ihnen aufgezwungen wird. Dasselbe gilt für Kunstwerke und alle Formen des ästhetischen Vergnügens. Sobald sie ihre Funktion als Statussymbol oder als Kapitalinvestition verlieren, könnte sich der Sinn für das Schöne neu entwickeln. Alles Unnötige oder nur die Faulheit Fördernde wäre erledigt. Der eigene Wagen würde, wenn er ein Nutzfahrzeug zum Transport und kein Statussymbol mehr wäre, seine Bedeutung ändern. Sicherlich bestünde kein Grund mehr, alle zwei Jahre einen neuen zu kaufen, und die Industrie sähe sich zu einer drastischen Änderung ihrer Produktionsweise gezwungen. Kurz: bis zum heutigen Tage hat der Konsument es der Industrie gestattet und sie sogar herausgefordert, ihn zu bevormunden und zu beherrschen. Er erhält die Gelegenheit, sich seiner Macht über die Industrie bewußt zu werden, wenn er den Spieß umdreht und die Industrie zwingt, entweder das von ihm Gewünschte zu produzieren oder weiterhin zu produzieren, was er zurückweist, und Verluste zu machen. Die Revolution der Konsumenten gegen die Bevormundung durch die Industrie muß kommen. Sie läßt sich durchaus herbeiführen und wird weitreichende Konsequenzen haben, falls die Industrie nicht die Kontrolle über den Staat gewinnt und ihr Recht auf Manipulation des Konsumenten erzwingt.

Eine weitere Maßnahme wäre die gesetzliche Beschränkung der gegenwärtigen Werbemethoden. Das bedarf kaum der Erläuterung – es geht um die suggestiv-hypnotische und irrationale Werbung, die sich in den letzten Jahrzehnten entwickelt hat. Sie ließe sich durch ein einfaches Gesetz verbieten: die Zigarettenfabriken konnten ja bereits gezwungen werden, eine Warnung vor den Gesundheitsschäden auf ihren Produkten anzubringen[11], und andere Gesetze verbieten betrügerische oder irreführende Werbung im Handel mit Nahrungs- und Arzneimitteln sowie Kosmetika.[12] Ob ein Verbot der Suggestivwerbung gegen die vereinte Macht von Werbeindustrie, Presse, Fernsehen, Radio und vor allem jenes Teils der Industrie durchgesetzt werden kann, für deren Planung und Produktion eine solche Suggestivwerbung bedeutsam ist, hängt von einem bestimmten Wandel unserer demokratischen Verfahrensweise ab und vor allem einfach davon, ob die Bürger Gelegenheit bekommen, sich über dieses Problem zu informieren und darüber zu debattieren und diskutieren, und wessen Macht sich als größer erweist, die der Bürger oder die der Lobbies und jener Abgeordneten, die unter dem Einfluß der Lobbies stehen.

Wie wäre es mit einer Umorientierung der Produktion selbst? Nehmen wir an, die besten Fachleute und eine aufgeklärte öffentliche Meinung gelangten zu dem Schluß, die Herstellung bestimmter Waren müsse im Interesse der Gesamtbevölkerung Vorrang haben; ließe sich dann die unternehmerische Freiheit, das zu produzieren, was den Profit bringt und am wenigsten Phantasie, Experimentierlust und Wagemut verlangt, im Rahmen unserer Verfassung einschränken? Juristisch böte das keine großen Probleme. Im neunzehnten Jahrhundert hätte solch eine Änderung die Nationalisierung der Industrie erfordert; heute wäre sie ohne Verfassungsänderung durch einfache Gesetze zu erreichen. Die Produktion «nützlicher» Dinge könnte gefördert und die Produktion unnützer und gesundheitsschädlicher Waren könnte eingeschränkt werden, wenn die Steuergesetzgebung nur jene Industrien begünstigen würde, die ihre Produktion freiwillig den Erfordernissen einer vernünftigen Gesellschaft anpassen und das rücksichtslose Profitstreben aufgeben. Die Regierung könnte eine angemessene Produktion mit Darlehen fördern oder in einigen Fällen sogar durch Staatsunternehmen beweisen, daß bestimmte Investitionen sich lohnen, und damit den Weg für eine Privatinitiative bahnen.

Abgesehen hiervon hat eine Anzahl von Fachleuten – und zwar besonders John Kenneth Galbraith – mit Nachdruck gefordert, daß die Investitionen im öffentlichen Bereich genauso wachsen müssen wie im privaten Bereich. Investitionen im öffentlichen Bereich, also für Transportmittel, Wohnungsbau, Schulen, Parks, Theater usw. wirken sich in zweifacher Weise aus: erstens befriedigen sie Bedürfnisse, die zur Lebendigkeit und zum Wachstum des Menschen beitragen; und zweitens erwecken sie einen Sinn für Solidarität, der an die Stelle von persönlicher Gier, Neid und dem Wettstreit aller gegen alle tritt.

Diese Bemerkungen über den Konsum führen mich zu einem letzten Problem in diesem Zusammenhang – zu der Verbindung zwischen Einkommen und Arbeit. Unsere Gesellschaft hat sich, wie viele Gesellschaften der Vergangenheit, das Prinzip zu eigen gemacht, «wer nicht arbeitet, soll auch nicht essen». (Der russische Kommunismus verwandelte dieses alte Prinzip durch leichte Umformulierung in eine «sozialistische» Vorschrift.) Es geht also nicht darum, ob ein Mensch seine soziale Verantwortung erfüllt, indem er zum Allgemeinwohl beiträgt. Denn in den Kulturen, die explizit oder implizit diese Normvorstellung anerkannten, blieben die Reichen, die nicht arbeiten mußten, immer davon ausgenommen: ein «Herr» war dadurch gekennzeichnet, daß er nicht zu arbeiten brauchte, um stilvoll leben zu können. Nun hat aber jedes menschliche Wesen ein unveräußerbares Recht auf Leben, und zwar ohne Rücksicht darauf, ob es eine soziale Pflicht erfüllt oder nicht. Die Arbeit und alle anderen sozialen Verpflichtungen müßten nur anziehend genug gemacht werden, daß die Menschen freiwillig ihren Anteil an der sozialen Verantwortung übernehmen; aber sie sollten nicht durch die Drohung mit dem Hungertod dazu gezwungen werden. Solange das möglich ist, braucht die Gesellschaft weder die Arbeit attraktiv zu machen noch ihr System den menschlichen Bedürfnissen anzupassen. Gewiß, in vielen Gesellschaften der Vergangenheit erlaubte das Mißverhältnis zwischen der Bevölkerungsgröße und den verfügbaren Produktionstechniken nicht die Freiheit, mit dem Prinzip der faktischen Zwangsarbeit zu brechen.

Aber in der Wohlstandsgesellschaft gibt es dieses Problem nicht mehr; trotzdem werden sogar die Angehörigen der Mittel- und Oberklassen gezwungen, die vom industriellen System festgelegten Normen zu befolgen, wenn sie nicht Gefahr laufen wollen, ihren Arbeitsplatz zu verlieren. Unser industrielles System gibt ihnen längst nicht so viel Freiheitsraum, wie möglich wäre. Wenn sie eine Stellung verlieren, weil sie «nicht den richtigen Geist» haben, also zu selbständig sind, unpopuläre Meinungen äußern oder die «falsche» Frau heiraten, haben sie gewöhnlich die größten Schwierigkeiten, eine andere Stellung auf ähnlichem Niveau zu finden; und eine Stellung auf niedrigerem Niveau würde bedeuten, daß sie selbst und ihre Familie sich herabgewürdigt fühlen. Sie verlieren die neuen Freunde, die sie im Lauf ihres Aufstiegs gefunden hatten, und sie fürchten die Enttäuschung ihrer Frau und die Autoritätseinbuße bei ihren Kindern.

Ich möchte also mit Nachdruck auf dem Prinzip bestehen, daß jeder Mensch ein unveräußerliches Recht auf Leben hat; daran sind keinerlei Bedingungen geknüpft. Jeder Mensch hat ein Recht auf grundlegenden Lebensunterhalt, auf Erziehung und ärztliche Versorgung; er hat das Recht, mindestens so gut behandelt zu werden, wie der Besitzer eines Hundes oder einer Katze sein Haustier pflegt, das ja überhaupt nichts «beweisen» muß, um versorgt zu werden. Wenn dieses Prinzip allgemeine Anerkennung fände, wenn also Männer, Frauen und Heranwachsende sicher sein könnten, daß ihre materielle Existenz – was immer auch geschehe – nicht gefährdet werden kann, würde der menschliche Freiheitsraum beträchtlich erweitert. Dann wäre zum Beispiel jeder Mensch in der Lage, seinen Beruf oder seine Beschäftigung zu wechseln und sich ein oder mehrere Jahre lang auf eine neue, für ihn vielleicht geeignetere Tätigkeit vorzubereiten. Denn die meisten Menschen entscheiden ja über ihre zukünftige Karriere in einem Alter, in dem sie noch nicht die Erfahrung und das Urteil haben, welche Tätigkeit ihnen am besten liegt. Vielleicht wachen sie dann als Mittdreißiger auf und merken, daß es jetzt zu spät ist, mit der Tätigkeit zu beginnen, die, wie sie erst jetzt wissen, die bessere Wahl gewesen wäre. Außerdem würde keine Frau mehr gezwungen, deshalb unglücklich verheiratet zu bleiben, weil sie keinerlei materielle Voraussetzungen besitzt, sich auf eine Beschäftigung vorzubereiten, mit der sie ihren Lebensunterhalt verdienen könnte. Kein Angestellter wäre gezwungen, unter entwürdigenden oder ihm persönlich widerwärtigen Bedingungen zu arbeiten, wenn er wüßte, daß er während der Suche nach einer besseren Arbeit nicht verhungern muß. Dieses Problem ist allerdings nicht durch Arbeitslosen- oder Wohlfahrtsunterstützung zu lösen. Wie allgemein bekannt, sind die dabei üblichen bürokratischen Verfahren in solchem Grade entwürdigend, daß viele Menschen Angst haben, in den unterstützungsempfangenden Teil der Bevölkerung herabzusinken, und diese Angst raubt ihnen jede Freiheit, bestimmte Arbeitsbedingungen nicht zu akzeptieren.

Wie könnte dieser Grundsatz verwirklicht werden? Eine Reihe von Wirtschaftswissenschaftlern hat als Lösung ein «garantiertes Jahreseinkommen» vorgeschlagen (das mitunter als «negative Einkommensteuer» bezeichnet wird).[13] Das garantierte Jahreseinkommen müßte deutlich unter dem niedrigsten Arbeitseinkommen liegen, um bei den Arbeitenden weder Ressentiments noch Empörung hervorzurufen. Allerdings ist das gegenwärtige Mindesteinkommen zu niedrig, um eine menschenwürdige Existenz zu sichern. Die Mindestsätze für Arbeitslose, Alte, Kranke müßten angehoben werden, damit das garantierte Einkommen keine Erniedrigung bedeutet. Falls es eine bescheidene, aber immer noch angemessene materielle Grundlage garantieren soll, muß das gegenwärtige Lohn-Niveau erheblich steigen. Man könnte durchaus einen minimalen Lebensstandard festlegen, der so hoch sein müßte wie der gegenwärtige Mindestbedarf für eine bescheidene und angemessene materielle Existenz. Und wer ein bequemeres Leben führen wollte, hätte die Freiheit, aus eigener Kraft auf ein höheres Konsumniveau zu gelangen.

Überdies könnte das garantierte Jahreseinkommen, wie einige Wirtschaftswissenschaftler festgestellt haben, als ein wichtiges Regulativ für unsere Wirtschaft dienen. C. E. Ayres schreibt: «Wir brauchen Maßnahmen, die sich als dauerhafte und reguläre Bestandteile in die industrielle Wirtschaftsordnung einfügen lassen und dafür sorgen, daß die Nachfrage mit einem ständig größer werdenden Angebot Schritt hält. Wenn jedem Angehörigen der Gesellschaft ohne Rücksicht auf seine Arbeitseinkünfte ein Grundeinkommen garantiert würde, so wie heute allen Menschen, die das 72. Lebensjahr überschritten haben, Sozialversicherungszahlungen zustehen, würde dies zu jener Steigerung der tatsächlichen Nachfrage führen, die von der Wirtschaft immer verzweifelter benötigt wird.»[14]

Meno Lovenstein argumentiert in einem Aufsatz über das garantierte Einkommen und die traditionelle Wirtschaftstheorie: «Jeder Wirtschaftswissenschaftler, selbst ein traditionalistisch eingestellter, und er vermutlich sogar noch eher, müßte auf Grund seiner Kenntnis der Auswahl-Mechanismen einsehen können, was für ein begrenztes, aber wesentliches Instrument dies ist. Wie bei so vielen Vorschlägen zu neuen

Denkansätzen sollte der Gedanke eines garantierten Einkommens als Herausforderung für die Theorie begrüßt werden, ehe er zu einem Programm des Handelns werden muß.»[15]

Die Fürsprecher eines garantierten Jahreseinkommens müssen sich mit dem Einwand auseinandersetzen, der Mensch sei faul und werde nicht mehr arbeiten wollen, sobald der Grundsatz «arbeiten oder verhungern» abgeschafft werde. Diese Überlegung ist falsch. Wie ein überwältigendes Beweismaterial zeigt, hat der Mensch eine innere Neigung zum Aktivsein, und die Faulheit ist ein pathologisches Symptom. Angesichts eines Systems der «Zwangsarbeit», das der Anziehungskraft der Arbeit wenig Aufmerksamkeit schenkt, sucht der Mensch ihr zu entkommen – sogar schon für kürzeste Zeit. Wenn aber das gesamte Sozialsystem in der Weise verändert wird, daß die Verpflichtung zum Arbeiten nicht mehr durch Zwang und Drohung durchgesetzt werden muß, würde nur noch eine Minderheit von Kranken lieber gar nichts tun. Es wäre durchaus möglich, daß eine kleine Zahl von Menschen sogar so etwas wie ein mönchisches Leben erwählen und sich ganz ihrer inneren Entwicklung, der Kontemplation oder dem Studium widmen würde. Wenn sich das Mittelalter die Duldung mönchischen Lebens leisten konnte, kann unsere wohlhabende technische Gesellschaft das noch sehr viel eher. Doch wiederum gilt: sobald wir bürokratische Methoden einführen, die von irgend jemandem den Beweis verlangen, daß er seine Zeit wirklich gut zu nützen weiß, ist das ganze Prinzip verdorben.

Es gibt eine interessante Abwandlung dieses Prinzips eines garantierten Einkommens, die zur Zeit wohl kaum akzeptiert werden dürfte, aber doch als wesentlich gelten muß: daß nämlich die Mindestvoraussetzungen für ein menschenwürdiges Leben überhaupt nicht bar bezahlt zu werden brauchen, sondern als kostenlose Waren und Dienstleistungen zur Verfügung stehen. Wir haben diesen Grundsatz für die Elementarschulen anerkannt, und auch für die Atemluft braucht man nichts zu bezahlen. Man könnte nun damit beginnen, dieses Prinzip auf die gesamte höhere Bildung auszudehnen, sie völlig kostenlos zu machen und jedem Schüler oder Studenten durch ein Stipendium freien Zugang zur Bildung zu sichern. Wir könnten das Prinzip auch in einer anderen Richtung ausdehnen, nämlich die wirklich grundlegenden Dinge kostenlos machen, etwa zu Anfang das Brot und das öffentliche Transportwesen. Schließlich wäre es dann auf alle Waren und Leistungen auszudehnen, die zur minimalen materiellen Grundlage eines anständigen Lebens gehören. Es bedarf kaum der Erwähnung, daß diese Gedanken utopisch sind, was ihre Verwirklichung in der nächsten Zukunft angeht. Aber für einen viel weiter fortgeschrittenen Gesellschaftszustand sind sie sowohl ökonomisch als auch psychologisch vernünftig.

Wenn ich hier empfehle, die vielen wohlhabenden Amerikaner sollten sich von dem endlosen und immer geistloseren Vorgang des ständig zunehmenden Konsums freimachen, bedarf es zumindest eines kurzen Kommentars über die rein wirtschaftlichen Folgen solch eines Vorschlags. Die Frage lautet einfach: Ist es technisch und ökonomisch für eine Wirtschaft möglich, ohne eine stetige Zunahme des Konsums blühend und stabil zu bleiben?

Zum gegenwärtigen Zeitpunkt ist die amerikanische Gesellschaft nicht wohlhabend, zumindest 40 Prozent der Bevölkerung sind es nicht, und ein großer Teil der verbleibenden 60 Prozent konsumiert keineswegs im Übermaß. Deshalb geht es im Augenblick nicht um eine Einschränkung des Produktionswachstums, sondern um eine Neuorientierung des Konsums. Trotzdem erhebt sich die Frage, ob nach der Erreichung eines angemessenen Konsumniveaus für die ganze Bevölkerung, und zwar gleichgültig wie es aussehen mag (einschließlich der Produktion zur Unterstützung ärmerer Völker) sowie unter Berücksichtigung eines Produktionsanstiegs, der dem Bevölkerungswachstum entspräche, an einem bestimmten Punkt die Produktion nicht mehr weiterwächst. Oder müssen wir aus ökonomischen Gründen auf eine endlose Zunahme der Produktion hinarbeiten, die auch einen steigenden Konsum verlangt?

Es wäre notwendig, daß Wirtschaftswissenschaftler und Planer mit der Untersuchung dieses Problems beginnen, obwohl es im Augenblick praktisch noch nicht dringlich ist. Denn solange unsere Planungen auf ein ständiges Produktionswachstum abzielen, werden auch unser Denken und unsere wirtschaftliche Praxis von diesem Ziel beherrscht. Dies ist bereits bei Entscheidungen über die jährliche Zuwachsrate von Bedeutung. Das Ziel eines maximalen Wirtschaftswachstums wird wie ein Dogma akzeptiert – zum Teil wohl wegen der Dringlichkeit der tatsächlichen Bedürfnisse, aber auch, weil es pseudo-religiös unter dem Namen «Fortschritt» als Lebensziel verstanden wird – als industrielle Version des Himmels.

Interessanterweise erkannten manche Wirtschaftstheoretiker bereits im neunzehnten Jahrhundert, daß der wirtschaftliche Prozeß eines ständigen Produktionswachstums nur Mittel zum Zweck und nie Selbstzweck sein dürfe. Sie hofften und erwarteten, daß die produktiven Energien auf eine wahrhaft menschliche Entwicklung der Gesellschaft umgelenkt würden, sobald ein angemessener Lebensstandard erreicht sei. Das Ziel einer immer größeren Produktion materieller Güter war für sie also kein endgültiger und totaler Lebenszweck. John Stuart Mill schrieb:

«Einsamkeit in dem Sinne, daß man oft für sich allein ist, ist für ein tiefes Nachdenken oder einen tiefen Charakter von wesentlicher Bedeutung; und Einsamkeit in der Schönheit und Größe der Natur ist die Wiege von Gedanken und Eingebungen, die oft nicht nur für den Einzelnen vorteilhaft sind, sondern die auch die Menschheit nicht entbehren kann. Auch liegt nicht viel Befriedigendes in der Anschauung, daß die Welt für die freie Tätigkeit der Natur nichts übrig ließe, daß jeder

Streifen Landes, der überhaupt zur Hervorbringung von Nahrung für die Menschen fähig ist, auch bebaut werden müßte, daß jedes mit Blumen bedeckte Feld und jede natürliche Wiese umgepflügt, und alle Vierfüßler und Vögel, die nicht zum Gebrauch der Menschen gezähmt sind, als seine Rivalen hinsichtlich der Nahrung vertilgt, daß jeder Strauch oder überflüssige Baum ausgerottet werden und kaum ein Platz übrig bleibt, wo ein wilder Strauch oder eine Blume wächst, ohne daß sie als Unkraut im Namen einer Verbesserung der Landwirtschaft ausgerissen werden. Wenn die Erde diesen großen Teil ihrer Annehmlichkeiten verlieren müßte, den sie jetzt Dingen verdankt, die mit einer unbegrenzten Vermehrung des Vermögens und der Bevölkerung unvereinbar sind, nur zu dem Zweck, um eine zahlreiche, nicht aber eine bessere oder glücklichere Bevölkerung zu unterhalten, so will ich zum Besten der Nachwelt aufrichtig hoffen, daß sie mit dem Ruhezustand zufrieden ist, lange, bevor eine Notwendigkeit sie zwingt, sich mit ihm zufriedenzugeben.

Ich brauche wohl nicht zu bemerken, daß ein Stillstand in der Kapitals- und der Bevölkerungszunahme nicht notwendig auch einen Stillstand des menschlichen Kulturfortschritts in sich schließt. Der Spielraum für alle geistige Kultur, für alle sittlichen und gesellschaftlichen Fortschritte würde noch ebenso groß sein, es wäre noch ebensoviel Raum da für die Verschönerung der Lebenshaltung und auch viel mehr Wahrscheinlichkeit für deren Fortschritte, wenn die Gemüter nicht mehr so ausschließlich durch die Sucht, nur wirtschaftlich vorwärtszukommen, in Anspruch genommen wären.»[16]

Bei der Erörterung eines Konsumverhaltens, das «wenig oder nichts dazu beiträgt, das Leben edler oder wirklich glücklicher zu machen», stellt Alfred Marshall fest: «Es wäre sicherlich gut, wenn alle weniger arbeiten, wenn wir nur sicher sein könnten, daß die neu gewonnene Muße gut verwendet würde und der sich ergebende Verlust an materiellem Einkommen ausschließlich dadurch wettgemacht würde, daß alle Klassen die am wenigsten ersprießlichen Konsumationsmethoden verließen» und daß sie lernten, «die Muße gut zu nutzen.»[17]

Es ist leicht, diese Autoren als altmodisch, romantisch und dergleichen abzutun. Doch braucht ja das Denken und Planen des entfremdeten Menschen nicht nur deshalb schon besser zu sein, weil es das modernste ist und mit den Programmierprinzipien unserer Technik genauer übereinstimmt. Gerade weil wir heute viel bessere Voraussetzungen für das Planen besitzen, können wir unsere Aufmerksamkeit jenen Ideen und Werten zuwenden, die wir vom Standpunkt der ersten Hälfte des Jahrhunderts her belächelt haben.

Die theoretische Frage lautet also: Ist unter den modernen technischen Bedingungen ein relativ stationäres Wirtschaftssystem möglich, und wenn ja, wie sähen seine Voraussetzungen und Konsequenzen aus?

Ich möchte dazu nur ein paar allgemeine Beobachtungen machen. Wenn wir heute den unnötigen und enthumanisierenden Konsum einschränken würden, bedeutete das für bestimmte Sektoren der Wirtschaft geringere Produktion, weniger Arbeitsplätze, kleinere Einkommen und weniger Profit. Selbstverständlich brächte dies, wenn es willkürlich und ohne Planung betrieben würde, außerordentliche Schwierigkeiten für die Gesamtwirtschaft und für bestimmte Bevölkerungskreise mit sich. Nötig ist deshalb ein vorausgeplanter Ablauf, der in allen Arbeitsbereichen die Freizeit wachsen läßt, die Menschen neu schult und einen Teil der Rohstoffe, Produktionsanlagen und Arbeitskräfte an anderen Stellen einsetzt. Das braucht seine Zeit, und die Planung dürfte natürlich nicht privat, sondern sie müßte gesellschaftlich erfolgen; denn kein Industriezweig könnte allein einen Plan aufstellen und durchführen, der breite Bereiche der Wirtschaft berührt. Bei richtiger Planung dürfte jedoch die Einschränkung der gesamten Einkünfte und Profite keine unüberwindlichen Schwierigkeiten machen, weil mit der Einschränkung des Konsums auch der Einkommensbedarf geringer wäre.

Mit dem Anwachsen unseres Produktionspotentials hatten wir die Wahl zwischen sehr viel weniger Arbeit bei konstantem Produktions- und Konsumniveau und einer Steigerung von Produktion und Konsum bei gleichbleibender Arbeit. Etwas halbherzig haben wir einen Kompromiß gewählt: Produktion und Konsum sind gewachsen, gleichzeitig wurde die Arbeitszeit verkürzt und die Kinderarbeit weitgehend abgeschafft. Diese Wahl war nicht von technischen Notwendigkeiten bestimmt, sondern ergab sich aus einem Wandel der sozialen Einstellung und aus politischen Kämpfen.

Aber was immer diese Vorschläge auch für oder gegen sich haben mögen – bei weitem bedeutsamer wäre eine Antwort der Wirtschaftswissenschaftler auf die Frage, ob eine relativ stationäre technische Gesellschaft möglich ist.

Dazu müßten sich die Fachleute überhaupt erst einmal mit diesem Problem befassen, und das werden sie nur, wenn sie die Bedeutung der Frage einsehen. Man darf nicht vergessen, daß die Hauptschwierigkeiten wohl nicht auf der wirtschaftlichen und technischen Seite, sondern auf politischem und psychologischem Gebiet liegen. Gewohnheiten und Denkweisen lassen sich nicht ohne weiteres umlenken, und da viele mächtige Interessengruppen allen Grund haben, die Tretmühle des Konsums beizubehalten und weiter zu beschleunigen, wird der Kampf für eine Änderung der Verhaltensweisen schwer und langwierig sein. Wie schon so oft gesagt, ist zur Zeit das allerwichtigste, daß wir überhaupt damit beginnen.

Schließlich noch etwas: mit unserer Fixierung auf den materiellen Konsum stehen wir nicht allein – andere Länder des Westens, die Sowjetunion und einige osteuropäische Länder scheinen in derselben verderblichen Falle zu sitzen. Man denke nur an den russischen Anspruch, die USA unter Waschmaschinen, Kühlschränken usw. zu begraben. Die wirkliche Aufgabe bestände nicht darin, die Kräfte in einem sinnlosen Wettstreit zu binden, sondern über das heutige Stadium der Sozialentwicklung hinauszugelangen und zum Aufbau einer wahrhaft menschlichen Gesellschaft aufzurufen, die nicht nach der Anzahl von Autos und Fernsehgeräten bestimmt und bewertet würde.

Die Frage nach der Möglichkeit eines stationären Produktionsniveaus bleibt im Augenblick theoretisch; eine sehr praktische Frage würde sich jedoch ergeben, wenn die Konsumenten selbst ihren Konsum auf das beschränkten, was der Befriedigung ihrer wirklichen Bedürfnisse als menschliche Wesen dient. Falls dies geschähe, wäre die derzeitige wirtschaftliche Wachstumsrate nur aufrechtzuerhalten, wenn wir einen Großteil der Produktion für den «unnötigen» Privatkonsum auf humanere Formen des Sozialkonsums umlenken und übertragen würden. Die Bedürfnisse auf diesem Gebiet sind klar und wurden bereits von vielen Wissenschaftlern und Kommentatoren umrissen. Ein Teilverzeichnis schließt auf jeden Fall folgendes ein: den Neubau eines großen Teils der Wohnungen im Land (Millionen von neuen Wohneinheiten); eine erhebliche Ausdehnung und Verbesserung des öffentlichen Erziehungs- und Gesundheitswesens; die Entwicklung von innerstädtischen und zwischenstädtischen öffentlichen Transportnetzen; Zehntausende von kleineren und größeren Erholungsstätten in den Stadt- und Landgemeinden (Parks, Spielplätze, Schwimmbäder usw.); und einen kraftvollen Neuansatz zur Entwicklung des kulturellen Lebens – Theater, Musik, Tanz, Malerei, Film usw. müssen in Hunderttausende von Gemeinden und zu Millionen von Menschen gebracht werden, die gegenwärtig noch keinen rechten Sinn für diese Dimension der menschlichen Existenz besitzen.

All diese Bemühungen erfordern physische Produktionsarbeit und den Einsatz gewaltiger menschlicher Energien. Derartige Projekte haben den unmittelbaren Vorteil, die Probleme der verarmten Minderheit in Angriff zu nehmen und gleichzeitig die Vorstellungskraft und Energie der Bessergestellten zu beflügeln. Außerdem erleichtern sie die Schwierigkeiten, die durch die Konsumeinschränkung entstehen, oder schaffen sie sogar ganz aus der Welt. Natürlich wäre für größere Projekte dieser Art eine staatliche Wirtschafts- und Gesellschaftsplanung nötig, da sie grundlegende Verschiebungen der menschlichen und materiellen Verhältnisse mit sich bringen. Solche Bemühungen würden sichtbar beweisen, daß wir tatsächlich auf ein wahrhaft menschliches Gemeinschaftsleben hinsteuern. Und ein weiterer großer Schritt zur Schaffung einer lebendigen, engagierten Gesellschaft wäre getan, wenn bei jedem derartigen Programm die davon betroffenen Menschen und Städte selbst die Verantwortung für seine Entwicklung und Durchführung tragen würden. Von staatlicher Seite wären eine entsprechende Gesetzgebung und eine angemessene Finanzierung erforderlich, doch sobald diese überaus wichtige Mindestvoraussetzung erfüllt ist, sollte eine möglichst große öffentliche Beteiligung und Vielfalt der Projekte angestrebt werden.

Durch solche Projekte würde das private Geldausgeben eingeschränkt, weil ein größerer Teil des persönlichen Einkommens für die höheren Steuern verwandt werden müßte, und es träte eine spürbare Verschiebung ein: vom abstumpfenden, enthumanisierten Privatkonsum zu neuen Formen des öffentlichen Konsums, bei denen die Menschen sich auf schöpferische Gemeinschaftstätigkeiten einlassen. Selbstverständlich verlangt ein solcher Wandel eine sorgfältige Vorausplanung, um schwere Störungen des Wirtschaftssystems zu vermeiden; in dieser Hinsicht stehen wir denselben Problemen gegenüber wie bei der Umstellung einer Kriegs- auf eine Friedensproduktion.

5. Die seelisch-geistige Erneuerung

Wir haben in diesem Buch durchgehend argumentiert, das System Mensch könne nicht richtig funktionieren, wenn allein seine materiellen Bedürfnisse befriedigt werden und damit sein physiologisches Überleben gesichert ist, aber nicht jene spezifisch menschlichen Bedürfnisse und Fähigkeiten wie Liebe, Zärtlichkeit, Vernunft, Freude usw.

In früheren Geschichtsepochen nahm – von der Kunst einmal abgesehen – vor allem die Religion diese Aspekte der menschlichen Existenz in sich auf. Doch mit dem Fortschreiten der «neuen Wissenschaft» verlor die Religion in ihrer traditionellen Gestalt immer mehr von ihrem Einfluß, und es erhob sich die Gefahr, daß die Wertvorstellungen, die in Europa im theistischen Bezugssystem verankert waren, verlorengehen würden. Dostojewski drückte diese Befürchtung in dem berühmten Satz aus: «Wenn es keinen Gott gibt, ist alles möglich.» Im achtzehnten und neunzehnten Jahrhundert erkannte eine ganze Reihe von Menschen die Notwendigkeit, etwas zu schaffen, das den Religionen der Vergangenheit gleichwertig wäre. Robespierre versuchte, künstlich eine neue Religion zu begründen, und scheiterte damit notwendig, weil sein aufgeklärter Materialismus und seine Vergötzung der Nachwelt ihm nicht erlaubten, jene Wesenselemente zu erkennen, die zur Gründung einer neuen Religion – falls so etwas überhaupt möglich ist – nötig gewesen wären. Auch Comte dachte an eine neue Religion, aber sein Positivismus verwehrte ihm ebenso, zu einer befriedigenden Lösung zu kommen. In vieler Hinsicht war daher der Marxsche Sozialismus im neunzehnten Jahrhundert die bedeutendste populäre Religionsbewegung – auch wenn sie in weltlichen Begriffen ausgedrückt wurde.

Dostojewskis Vorhersage, wenn der Glaube an Gott aufhöre, müßten alle ethischen Werte zusammenbrechen, ging nur teilweise in Erfüllung. Diejenigen ethischen Werte der modernen Gesellschaft, die allgemein durch Gesetz und Sitte anerkannt werden, also etwa die Achtung des Eigentums, des individuellen Lebens sowie einige andere Prinzipien, blieben erhalten. Aber die menschlichen Werte, die über die Forderungen unserer Sozialordnung hinausgehen, verloren tatsächlich an Einfluß und Gewicht. Trotzdem hatte Dostojewski in einem anderen und wesentlicheren Sinne unrecht. Die Entwicklung der letzten zehn und ganz besonders der letzten fünf Jahre hat in ganz Europa und in Amerika eine sehr starke Neubesinnung auf die tieferen Werte der humanistischen Tradition hervorgebracht. Dieses neue Streben nach einem sinnvollen Leben entstand nicht nur in kleinen und isolierten Gruppen, sondern wurde auch in Ländern mit völlig unterschiedlichem sozialem und politischem Aufbau sowie in der katholischen und in den protestantischen Kirchen zu einer richtigen Bewegung. Und den Gläubigen und Ungläubigen innerhalb dieser neuen Bewegung ist die Überzeugung gemeinsam, daß Begriffe im Vergleich mit Taten und menschlichen Haltungen nur eine sekundäre Bedeutung haben.

Eine chassidische Legende kann dies verdeutlichen. Der Anhänger eines chassidischen Meisters wurde einmal gefragt: «Warum gehst du den Meister anhören? Tust du das, um Worte der Weisheit zu vernehmen?» Die Antwort lautete: «O nein, ich gehe, um zu sehen, wie er sich die Schuhbänder bindet.» Das bedarf kaum einer Erläuterung. Wesentlich an einem Menschen sind nicht seine Ideen oder Meinungen, die er vielleicht nur deshalb anerkennt, weil er ihnen seit seiner Kindheit ausgesetzt war oder weil sie konventionelle Denkmuster sind, sondern sein Charakter, seine Haltung, die innere Verwurzelung seiner Ideen und Überzeugungen. Der Große Dialog gründet daher auf der Vorstellung, daß gemeinsame Sorgen und Erfahrungen wichtiger sind als gemeinsam anerkannte Begriffe. Das heißt jedoch nicht, daß die verschiedenen Gruppen, auf die ich hier anspiele, ihre eigenen Begriffe oder Ideen aufgegeben hätten oder sie für unwichtig hielten. Sondern sie sind alle zu der Überzeugung gelangt, daß gemeinsame Sorgen, gemeinsame Erfahrungen und gemeinsames Handeln ihnen weit mehr Bindendes gegeben hat, als je durch unterschiedliche Meinungen getrennt werden könnte. Abbé Pire hat das sehr einfach und kraftvoll ausgedrückt: «Heute geht es nicht mehr um den Unterschied zwischen denen, die glauben, und denen, die nicht glauben, sondern zwischen denen, die besorgt sind, und denen, die gleichgültig bleiben.»

Diese neue Einstellung zum Leben läßt sich ein wenig genauer in folgenden Prinzipien ausdrücken: Die Entwicklung des Menschen verlangt, daß er über das enge Gefängnis seines Ichs, über seine Gier, seine Selbstsucht, seine Trennung von den Mitmenschen und seine grundlegende Einsamkeit hinwegkommt. Nur durch die Überschreitung dieser Grenzen kann der Mensch der Welt gegenüber offen und mit ihr verbunden sein, verletzlich bleiben und doch die eigene Identität und Integrität erfahren; sich alles Lebendigen freuen, seine Fähigkeiten in die Welt ringsum verströmen und interessiert sein; kurz: lieber *sein* als *haben* oder *gebrauchen* – das ist die unmittelbare Folge der Bemühung, Gier und Ichbesessenheit zu überwinden.[18]

Auch unter einem völlig anderen Gesichtspunkt haben alle radikalen Humanisten etwas Gemeinsames: sie verneinen und bekämpfen den Götzendienst in jeglicher Form und Gestalt. Götzendienst meint hier im prophetischen Sinne die religiöse Verehrung eines Werkes, das man selbst geschaffen hat – dadurch macht sich der Mensch zum Knecht der Dinge und wird schließlich selbst ein Ding. Die alttestamentarischen Propheten wetterten gegen die Götzen aus Stein oder Holz, in Bäumen oder auf Bergen; die Götzen unserer Zeit sind die Führer und Institutionen, und zwar speziell der Staat, die Nation, die Produktion, Ruhe und Ordnung sowie alle von Menschen gemachten Dinge. Ob man an Gott glaubt oder nicht, ist eine sekundäre Frage im Vergleich damit, ob man Götzen ablehnt. Der Begriff der Entfremdung besagt dasselbe wie der biblische Begriff des Götzendienstes: Es ist die Unterwerfung des Menschen unter Dinge, die er selbst geschaffen, und unter Umstände, die er selbst herbeigeführt hat. Die Gläubigen und die Ungläubigen mögen sich durch noch so vieles unterscheiden – eines vereinigt sie, wenn sie ihrer gemeinsamen Tradition treu bleiben, und das ist ihr gemeinsamer Kampf gegen den Götzendienst und ihre tiefe Überzeugung, daß niemals ein Ding oder eine Institution den Platz Gottes einnehmen dürfe oder, wie die Nichtgläubigen vielleicht lieber sagen, jene Leerstelle, die dem Nicht-Ding vorbehalten bleibt.

Ein Drittes, was alle radikalen Humanisten miteinander teilen, ist ihre Überzeugung, daß es eine Hierarchie von Werten gibt, in der sich die niedrigeren aus den höchsten ergeben, und daß diese Werte verbindlich sind und für die Praxis des individuellen und sozialen Lebens verpflichtende Prinzipien darstellen. In der Radikalität, mit der diese Werte im eigenen Leben verwirklicht werden, mag es Unterschiede geben, so wie im Christentum und im Buddhismus manche Menschen ein mönchisches Leben führen und andere nicht. Doch diese Unterschiede sind relativ bedeutungslos neben dem allgemeinen Grundsatz, daß es Werte gibt, die nicht kompromittiert werden dürfen. Meines Erachtens würde sich unsere gesamte Kultur grundlegend wandeln, wenn die Zehn Gebote oder der buddhistische «Achtfache Weg» wirklich als Leitprinzipien des menschlichen Lebens anerkannt würden. An dieser Stelle ist es nicht nötig, im einzelnen auf die Werte einzugehen, die praktiziert werden müßten, denn es geht zunächst darum, alle zu sammeln, die das Prinzip der *Praxis* anerkennen und nicht die *Unterwerfung unter eine Ideologie.*

Ein weiterer gemeinsamer Grundsatz ist die Solidarität aller Menschen, also eine Loyalität gegenüber dem Leben und der Menschheit, die stärker ist als die Loyalität gegenüber einer bestimmten Gruppe. Aber auch diese Formulierung stimmt noch nicht ganz. Denn jede wahre Liebe zu einem anderen Menschen hat eine besondere Eigenschaft: ich liebe in diesem Menschen nicht nur den anderen, sondern die Menschheit selbst oder, wie ein gläubiger Christ oder Jude sagen würde, Gott. Auch die Vaterlandsliebe ist zugleich eine Liebe zum Menschen und zur Menschheit; wenn nicht, entspricht diese Bindung der eigenen Unfähigkeit, unabhängig zu sein, und ist letztlich nur eine weitere Ausprägung des Götzendienstes.

Die entscheidende Frage ist nun, wie diese neuen und zugleich alten Prinzipien wirksam werden können. Die religiös Gebundenen hoffen, ihre eigene Religion im Sinne eines praktischen Humanismus verwandeln zu können, aber viele von ihnen erkennen, daß sich dies nur für bestimmte Teile der Menschheit auswirken wird; denn es liegt auf der Hand, daß viele Menschen die theistischen Begriffe und Rituale nicht anerkennen werden, die so eng damit verwoben sind, daß man sie kaum voneinander trennen kann. Welche Hoffnung besteht also für den Teil der Menschen, die nicht in die Reihen einer lebendigen Kirche eintreten können?

Läßt sich eine neue Religion gründen, die keinerlei Offenbarung voraussetzt und keine Mythologie enthält?

Offensichtlich sind Religionen Manifestationen des Geistes, die innerhalb eines konkreten, historischen Prozesses und unter den spezifischen sozialen und kulturellen Bedingungen einer bestimmten Gesellschaft entstehen. Man kann keine Religion gründen, indem man einfach Prinzipien zusammenfügt. Sogar die «Nicht-Religion» des Buddhismus ist für den Westen nicht ohne weiteres annehmbar, obwohl sie keine Voraussetzungen macht, die mit dem rationalen und realistischen Denken in Konflikt geraten, und grundsätzlich frei ist von jeglicher Mythologie.[19] Religionen werden gewöhnlich durch seltene, charismatische Persönlichkeiten von außerordentlicher Genialität begründet. Eine solche Persönlichkeit ist gegenwärtig noch nicht in unseren Gesichtskreis getreten, obschon kein Grund besteht, anzunehmen, daß sie noch nicht geboren ist. Doch in der Zwischenzeit können wir nicht auf einen neuen Moses oder Buddha warten, wir müssen mit dem zurechtkommen, was wir haben; und im gegenwärtigen geschichtlichen Augenblick ist das wohl nur um so besser, als der neue Religionsführer sich schnell in einen neuen Götzen verwandeln und seine Religion ein neuer Götzendienst werden könnte, ehe sie Gelegenheit hätte, in Herz und Geist der Menschen tiefer einzudringen.

Bleibt uns also nicht mehr, als ein paar allgemeine Prinzipien und Wertvorstellungen?

Das glaube ich nicht. Wenn sich die konstruktiven Kräfte innerhalb der

Industriegesellschaft, die von einer abstumpfenden Bürokratie, einem künstlich hochgetriebenen Konsum und einer manipulierten Langeweile erstickt werden, befreien könnte, wenn sie neue Hoffnung empfinden und die hier erörterten sozialen und kulturellen Änderungen in Angriff nehmen würde; wenn der Einzelne das Vertrauen zu sich selbst zurückgewinnt und die Menschen in einem spontanen, echten Gruppenleben wieder miteinander Kontakt aufnehmen – dann können neue seelisch-geistige Organisationsformen entstehen und wachsen, die sich schließlich vielleicht zu einem umfassenden und sozial annehmbaren System vereinigen lassen. Der allerwichtigste Faktor ist jedoch die Wiedererweckung von Mitleid, Liebe und einem Sinn für Gerechtigkeit und Wahrheit angesichts der politischen, sozialen und kulturellen Situation der heutigen Industriegesellschaft sowie ein Handeln, das davon bestimmt wird. Diese Wiedererweckung des Humanismus äußert sich in den Protesten gegen den Krieg in Vietnam, gegen die Folterung Gefangener in vielen Teilen der Erde, gegen die atomare Aufrüstung, gegen die Blindheit angesichts der lebensbedrohenden Umweltverseuchung, gegen Rassendiskriminierung, gegen die Unterdrückung des freien und nonkonformistischen Denkens, gegen das wachsende materielle Elend der armen Völker und deren Ausbeutung durch die reichen, gegen den Ungeist der Enthumanisierung, die den Menschen einer Produktionsmaschinerie unterwirft und ihn zu einem Ding macht. Sie findet ihren Ausdruck in der Forderung, daß das Leben über die Dinge und der Mensch über die Maschinen bestimmen müsse und daß alle sozialen Regelungen dem Wachstum des Menschen mit all seinen Möglichkeiten dienen und der Bejahung des Lebens in jeglicher Form – gegen Tod und Mechanisierung und Entfremdung. Bemerkenswerterweise ist dieser neue, radikale Humanismus in allen Ländern und allen Religionsgemeinschaften anzutreffen; und er steht nicht nur anderen kritisch gegenüber, sondern in erster Linie der eigenen Gesellschaft oder Gruppe, denn nur zu ihrer Veränderung kann man ja beitragen; er ist wahrhaft international, überwindet die Schranken der Rassen oder Religionen und vereinigt Menschen mit den verschiedensten politischen, philosophischen und religiösen Ansichten in der gemeinsamen Erfahrung des Menschlichseins und einer gemeinsamen Liebe zum Leben. Mit einem Wort, die heutige geistige Erneuerung verläuft nicht so sehr im Bereich der Theologie und Philosophie, sondern im Rahmen von politischen und sozialen Aktionen und Bewegungen. Dieser neue Humanismus ist eine Rückkehr zur Botschaft der Propheten, die nicht den *Glauben* an Gott predigten, sondern, daß der Mensch Gottes Willen tun solle. Und was ist Gottes Wille? »Laß los, welche du mit Unrecht gebunden hast; laß ledig, welche du beschwerst; gib frei, welche du drängst; reiß weg allerlei Last; brich dem Hungrigen dein Brot, und die, so im Elend sind, führe ins Haus; so du einen nackt siehst, so kleide ihn, und entzieh dich nicht von deinem

Fleisch.» (Jesaja 58, 6–7)

Welche neuen geistigen Formen, Symbole und Rituale dabei auftauchen werden, läßt sich nicht voraussagen. Vermutlich werden sie nicht im traditionellen Sinne theistisch sein, sondern an der Erfahrung teilnehmen lassen, für die Gott oder Nirwana dichterische Symbole sind. Die einzige Bedingung für eine solche geistige Wiedergeburt ist, daß der Mensch wieder zu leben beginnt und seine Gesellschaft für das Leben und nicht für den Tod organisiert.

VI. Können wir es schaffen?

Die in den vorangegangenen Kapiteln vorgeschlagenen Änderungen haben gezeigt, wie radikal sich unser System in den nächsten zwanzig Jahren wandeln sollte. Die Frage ist nur, ob diese Forderungen sich im Rahmen der gegenwärtigen Machtstruktur der Vereinigten Staaten und angesichts der heutigen öffentlichen Meinung und allgemeinen Denkweise mit demokratischen Mitteln verwirklichen lassen. Falls das nicht geschehen kann, sind sie offenkundig nichts als fromme Wünsche oder idealistische Träumereien. Andererseits müßte klar sein, daß wir es hier nicht mit statistischen Wahrscheinlichkeiten zu tun haben. Wie bereits gezeigt, spielt es bei Fragen des individuellen oder sozialen Lebens keine Rolle, ob die Heilungsaussichten 51 oder 5 Prozent betragen. Das Leben ist immer unsicher und nicht vorherbestimmbar, und die einzige Art zu leben ist die, jede Anstrengung zu seiner Erhaltung zu unternehmen, solange das noch möglich ist.

Das Problem lautet also nicht, ob es gewiß ist, daß wir derartige Änderungen durchführen können, und nicht einmal, ob es wahrscheinlich ist, sondern ob es möglich ist. Denn nach den Worten von Aristoteles ist es «ein Teil der Wahrscheinlichkeit, daß das Unwahrscheinliche eintritt». Es geht also, mit einem Hegelschen Begriff, um die «reale Möglichkeit». «Möglich» meint hier nicht eine abstrakte, eine logische oder eine auf nicht bestehenden Voraussetzungen gründende Möglichkeit. Reale Möglichkeit bedeutet, daß psychologische, ökonomische, soziale und kulturelle Faktoren vorhanden sind, die sich vielleicht nicht als Quantität, aber doch wenigstens in ihrer Existenz als Grundlage für die Möglichkeit einer Änderung aufzeigen lassen. Dieses Kapitel soll daher die verschiedenen Faktoren erörtern, die solch eine reale Möglichkeit zur Erreichung der in den bisherigen Kapiteln vorgeschlagenen Änderungen darstellen.

Vor der Erörterung dieser Faktoren möchte ich jedoch gewisse Verfahrensweisen herausheben, die als Bedingung für eine Änderung in der erstrebten Richtung bestimmt nicht möglich sind. Dazu gehört in erster Linie die kämpferische Revolution nach Art der Französischen oder der russischen Revolution, also der gewaltsame Umsturz einer Regierung und die Übernahme der Macht durch revolutionäre Führer. Diese Lösung ist in den Vereinigten Staaten aus mehreren Gründen unmöglich. Erstens gibt es keine Massenbasis dafür. Selbst wenn alle radikalen Studenten und alle militanten Negerorganisationen eine Revolution befürworten würden – was sie natürlich nicht tun –, fehlt ihnen die Massenbasis, weil sie auch vereinigt nur eine sehr kleine Minderheit der amerikanischen Bevölkerung darstellen. Und wenn eine kleine, zum äußersten entschlossene Gruppe einen Putsch oder eine Art Guerilla-Krieg versuchte, würde dieser sofort unterdrückt und eine Militärdiktatur errichtet. Wer trotzdem an einen innerstädtischen Guerilla-Krieg der Schwarzen gegen die Weißen denkt, übersieht Mao Tse-tungs Grunderkenntnis, daß Guerillas nur Erfolg haben, wenn sie innerhalb einer sympathisierenden Bevölkerung operieren. Es braucht kaum betont zu werden, daß die tatsächlichen Umstände genau entgegengesetzt sind. Aber auch wenn die beiden bisher erwähnten Faktoren nicht bestünden, wäre es immer noch sehr zweifelhaft, ob eine gewaltsame Revolution Erfolg haben kann. Eine so komplexe Gesellschaft wie die der USA stützt sich auf eine sehr große Gruppe von erfahrenen Managern und ihre Verwaltungsbürokratie, und sie würde nicht mehr funktionieren, wenn keine ebenso versierten Leute an die Stelle derjenigen treten, die heute die industrielle Maschinerie in Gang halten. Weder unter den Studenten noch in der schwarzen Massenbevölkerung gibt es Fachleute dieser Art. Deshalb würde eine «siegreiche Revolution» nur zum Zusammenbruch der amerikanischen Industriemaschinerie führen und sich selbst damit besiegen – sogar ohne daß die Staatsmacht sie unterdrücken müßte. Thorstein Veblen hat auf diesen entscheidenden Punkt bereits vor fünfundvierzig Jahren hingewiesen: «Keine Bewegung zur Enteignung der ‹Rechtmäßigen Interessen› in Amerika kann auch nur einen zeitweiligen Erfolg erhoffen, wenn sie nicht von einer Organisation durchgeführt wird, die den gesamten Industrieapparat des Landes übernehmen und ihn von Anfang an nach wirksameren Plänen verwalten kann, als sie heute von den ‹Rechtmäßigen Interessen› verfolgt werden; und eine solche Organisation ist weder zu sehen noch in nächster Zukunft zu erwarten.»[1] Außerdem macht Veblen eine Beobachtung, die heute, da so viel von revolutionärer Sabotage und Guerillataktik geredet wird, besonders bedeutsam ist: «Überall, wo mechanisierte Industrie sich so entschieden durchgesetzt hat wie in Amerika und in den zwei oder drei industrialisierten Gegenden von Europa, lebt die Gesellschaft buchstäblich von der Hand in den Mund, weil ihr Lebensunterhalt davon abhängig ist, daß ihr

Industriesystem von Tag zu Tag wirksam funktioniert. In einem solchen Falle ist eine schwerwiegende Störung und Verwirrung des ausgewogenen Produktionsprozesses, die große Teile der Bevölkerung sofort in unmittelbarer Not bringt, immer leicht herbeizuführen. Und genau dieser Zustand, die Leichtigkeit, mit der die Industrie aus dem Tritt gebracht und die Bevölkerung in Not gestürzt werden kann, ist der wichtigste Aktivposten so parteilicher Organisationen wie des [amerikanischen Gewerkschaftsverbandes] AFL-CIO. Eine solche Situation macht Sabotage leicht und wirkungsvoll und gibt ihr sofort Breite und Tiefe. Aber Sabotage ist nicht Revolution. Wenn sie das wäre, müßten AFL-CIO, IWW, die Chicagoer Konservenarbeiter und der Senat der USA zu den Revolutionären gezählt werden.»[2]

Und Veblen schreibt weiter: «Um wirksam zu werden und sich auch nur eine Zeitlang halten zu können, muß jede revolutionäre Bewegung im Vorhinein für eine ausreichend produktive Leitung des Industriesystems sorgen, da hiervon das materielle Wohlergehen der Gesellschaft abhängt; außerdem für die Verteilung der Güter und Dienstleistungen innerhalb der Gesellschaft. Anderenfalls kommt es unter den derzeitigen industriellen Bedingungen nur zu kurzfristigen Störungen und einer vorübergehenden Periode großer Not. Schon ein zeitweiliger Mißerfolg bei der Verwaltung des Industriesystems muß in allen fortgeschrittenen Industrieländern sofort jede revolutionäre Bewegung zu Fall bringen. In dieser Hinsicht kann die Geschichte keine Lehren erteilen, weil das gegenwärtige Industriesystem und das von ihm erzwungene, engvermaschte Gesellschaftsleben ohne historisches Vorbild sind.»[3]

Es ist entscheidend, die Unterschiede zwischen den technischen Aspekten einer Industriegesellschaft im Jahre 1968 und der russischen Gesellschaft im Jahre 1917 oder sogar der deutschen im Jahre 1918 zu berücksichtigen. Denn diese Gesellschaften waren vergleichsweise viel weniger komplex; dort konnte tatsächlich der Regierungs- und Industrieapparat von intelligenten und fähigen Außenstehenden übernommen werden. Doch 1968 in den USA ist völlig anders als 1917 in Rußland.

Wir berühren hier wieder das Problem der Gewalt. Es ist eine höchst erstaunliche Paradoxie, daß zu einem Zeitpunkt, da die Gewalt allen Sinn verloren hat – in den internationalen Beziehungen wegen der Existenz der Atomwaffen und innerhalb eines Staates wegen der Komplexität seiner Struktur –, sie plötzlich wieder, wenn auch nur von einer kleinen Minderheit, als Lösungsweg betrachtet wird. Diese Popularität der Gewalt ist eine Folge der seelischen und geistigen Verzweiflung und Leere sowie des daraus entspringenden Lebenshasses. Und sie wird sehr durch psychologische Theorien gefördert, die den Menschen als ein von angeborenen und kaum kontrollierbaren Destruktions-Instinkten zur Gewalt getriebenes Wesen betrachten; außerdem wird sie durch gewisse Tendenzen in Literatur und Kunst gefördert – von Marinettis Futuristischem

Manifest (1909) bis zu den Verlautbarungen zeitgenössischer radikaler Denker, die offen oder implizit die Todes- und Zerstörungssucht zu revolutionären Tugenden stilisieren.

Allerdings bedeutet die Unmöglichkeit einer gewaltsamen Revolution im klassischen Sinne keinesfalls, daß die grundlegenden Änderungen, die zur Humanisierung einer technischen Gesellschaft nötig sind, nicht von revolutionärer Art wären. Deshalb erhebt sich die Frage, ob ein hinreichend großer Teil der Bevölkerung dazu bewegt werden kann, derartige Änderungen zu fordern oder sich ihnen wenigstens nicht zu widersetzen. Das einzige, was die große Mehrheit der Bevölkerung wirklich fürchtet, ist das Chaos: eine Lähmung und Zerstörung der Industriemaschinerie, die zu Chaos und Blutvergießen führen würde. Doch wenn wir voraussetzen, daß der Produktionsapparat weiterfunktioniert, und zwar sogar besser, weil ein gewisses Maß an Planung und großzügige Investitionen auf dem öffentlichen Sektor neu hinzukämen, dürften wohl nur noch jene Menschen, die ihre Macht über das Leben anderer nicht verlieren wollen oder als unverbesserliche Bürokraten die Wendung zum Leben nicht mitvollziehen können, solche Änderungen als Gefahr betrachten. Die Mehrheit, und zwar besonders die junge Generation, die vom totalen Verbrauch «die Nase voll» hat und nach Leben hungert, ist bereit, soziale und politische Änderungen zu verlangen, die das Leben wieder in sein Recht einsetzen. Die begeisterte Zustimmung für Senator Eugene McCarthy während seiner Kampagne um die Präsidentschaftsnominierung im Jahre 1968 bewies, ein wie großer und bislang kaum artikulierter Teil der Bevölkerung durch einen kühnen humanistischen Neuansatz anzusprechen ist. McCarthys Anhängerschaft kam aus den verschiedensten sozialen Schichten, sie reichte von den jungen Linksradikalen bis zu Mitgliedern der wohlhabenden Mittelklasse, die sich ihrer eigenen Unzufriedenheit bewußt waren und mehr oder weniger deutliche Vorstellungen davon hatten, welche Richtung die Änderungen zur Humanisierung der Gesellschaft nehmen müssen. Aber die neue Wählerschaft des radikalen Humanismus geht weit über die McCarthy-Bewegung hinaus. Sie stützt sich vor allem auf Studenten (die in den Vereinigten Staaten einen viel größeren Anteil der jungen Generation ausmachen als in anderen Ländern), Intellektuelle, Akademiker und besonders auf die Mitarbeiter von modernen, weitgehend kybernetisch gesteuerten Betrieben; und am anderen Ende der Skala auch auf die Schwarzen. Wie schon oft festgestellt wurde, hat die Arbeiterklasse ihre Schlüsselstellung im Produktionsprozeß verloren; mit zunehmender Kybernation sind Wissenschaftler und Techniker zu derjenigen Klasse geworden, von deren Mitwirkung das Schicksal der Produktion und damit der Gesellschaft abhängt.

Die Frage, ob diese Gruppen von den Linken bis zu den humanistisch eingestellten Geschäftsleuten dafür gewonnen werden können, zugunsten von Veränderungen Druck auszuüben, läßt sich nicht beantworten. Aber wenn sie es tun, könnte das Verlangen nach Änderungen nur noch durch faschistische Methoden zum Schweigen gebracht werden; die Errichtung einer Diktatur wäre allerdings nicht leicht, wenn ihr ein großer und sozial überaus wichtiger Teil der Bevölkerung Widerstand entgegensetzt.

Soziale Faktoren haben den Angehörigen der Mittelklasse die Gelegenheit gegeben, zuzuhören und in Bewegung zu kommen: der materielle Wohlstand hat ihnen die Erfahrung vermittelt, daß größerer Konsum kein Weg zur Glückseligkeit ist. Ein höheres Bildungsniveau bringt sie mit neuen Ideen in Berührung und macht sie für Vernunftgründe zugänglicher. Ihre behagliche wirtschaftliche Lage macht ihnen viele persönliche Probleme bewußt, die sie nicht lösen können. Und in ihren verborgensten Gedanken stellen sie sich, häufig unbewußt, die Frage: Wie kommt es, daß wir alles haben, was das Herz begehrt, und trotzdem unglücklich, einsam und von Angst erfüllt sind? Ist irgend etwas falsch an unserer Lebensweise oder an der Struktur oder dem Wertsystem unserer Gesellschaft? Gibt es dazu andere und bessere Alternativen?

Hinzu kommt ein weiterer wichtiger Faktor: die Beziehung der Kinder zu ihren Eltern. In den letzten Jahren kommt es immer häufiger vor, daß junge Leute von zwölf bis zwanzig den Eltern ihre eigenen Zweifel an der Wahrheit dessen, was ihnen gepredigt wird, und am Sinn dessen, was getan wird, ins Gesicht sagen; und eine große Zahl von Eltern hat sich von ihren Kindern beeindrucken lassen. Zwar könnte man bedauern, daß die Eltern weder an autoritäre noch an fortschrittliche Werte glauben, aber dieser Mangel an Glauben hat zumindest heute den großen Vorteil, daß sie von ihren Kindern bekehrt werden können; diese sind zwar durch die Erfahrung der Enttäuschung gegangen, aber angesichts von Falschheit und Doppelzüngigkeit resignieren sie noch nicht, sondern weisen ihre Eltern auf den tiefen Widerspruch in ihrem Leben hin, öffnen ihnen die Augen, geben ihnen nicht selten neue Anregungen und aktivieren sie dazu, die Welt ehrlicher und weniger hoffnungslos zu sehen. Manche Eltern haben dabei sogar ein neues Interesse für politische Aktionen gewonnen, an denen sie vorher verzweifelt waren.

In der allgemeinen Diskussion wird der vielleicht wichtigsten Voraussetzung für die reale Möglichkeit eines Wandels meistens nicht genug Gewicht beigemessen. Ich meine die Macht der Ideen. Wahrscheinlich ist es nötig, zuvor den Unterschied von *Ideen* und *Ideologien* zu erläutern. Ideologien sind Ideen, die für den öffentlichen Konsum aufbereitet wurden, um das Bedürfnis jedes einzelnen nach Beschwichtigung seines schlechten Gewissens durch den Glauben zu befriedigen, daß er sich um etwas Gutes und Erstrebenswertes bemüht. Ideologien sind Fertigprodukte, «Gedanken-Waren», die von der Presse, von Rednern und Ideologen verbreitet werden, um die Menschenmassen für Zwecke in Bewegung zu setzen, die mit dem Inhalt der Ideologie eigentlich nichts zu tun haben und sehr oft sein genaues Gegenteil bewirken. Solche Ideologien werden mitunter ad hoc aufgestellt – wenn zum Beispiel ein Krieg dadurch populär gemacht wird, daß man ihn als Kampf um die Freiheit ausgibt, oder wenn religiöse Ideologien zur Befestigung des politischen Status quo herhalten müssen, obwohl dieser in völligem Gegensatz zu den wahren Ideen der Religion steht, in deren Namen die Ideologien verkündet werden. Die Ideologie wendet sich deshalb ihrer Natur nach nicht an das aktive Denken oder das aktive Empfinden. Sie wirkt wie eine Droge, die den Menschen entweder anregt oder zum Einschlafen bringt. Hitler wußte das genau und erklärte in seinem Buch *Mein Kampf*, der beste Zeitpunkt für eine öffentliche Versammlung sei der Abend, weil die Menschen dann müde und am leichtesten zu beeinflussen seien.

Im Gegensatz dazu verweist die Idee auf eine Wirklichkeit. Sie öffnet die Augen. Sie erweckt die Menschen aus ihrem Schlaf und fordert sie auf, aktiv zu denken und fühlen und etwas zu sehen, was sie zuvor noch nicht gesehen haben. Eine Idee hat die Macht, Menschen, die sich ihr aussetzen, zu erwecken, falls sie an die Vernunft und an alle jene anderen Fähigkeiten appelliert, die ich in einem vorangehenden Kapitel als «humane Erfahrungen» beschrieben habe. Sobald eine Idee die Menschen anrührt, wird sie zu einer der mächtigsten Waffen, weil sie Begeisterung und Hingabe weckt und die menschlichen Energien verstärkt und in wirksame Bahnen lenkt. Wichtig ist allerdings, daß die Idee nicht vage und allgemein bleibt, sondern genau, einleuchtend und für die menschlichen Bedürfnisse bedeutsam ist. Die Kraft von Ideen wird sogar noch größer, wenn die Verteidiger des Status quo keine Ideen haben – und genau dies ist zur Zeit der Fall. Es liegt in der Natur unserer Bürokratie und der von uns unterstützten Organisationsweise, daß wir dadurch bestenfalls zu bürokratischen Nutzeffekten, aber nicht zu Ideen kommen. Wenn wir zum Vergleich an die Mitte des neunzehnten Jahrhunderts zurückdenken, stellen wir fest, daß damals Romantiker und Reaktionäre voll tiefgründiger und anziehender Ideen waren – auch wenn diese vielleicht für Zwecke benutzt wurden, die das von den Ideen Versprochene nicht erfüllten. Doch heute gibt es überhaupt keine Ideen zur Unterstützung der Verteidiger des Status quo. Man wiederholt nur alte Formeln wie freies Unternehmertum, Verantwortlichkeit des Einzelnen, Ruhe und Ordnung, Ehre der Nation usw., von denen einige in offenem Widerspruch zu der Wirklichkeit stehen, auf die sie sich beziehen, während andere nichts als vage Ideologien sind. Bemerkenswerterweise sind heute die neuen Ideen fast nur bei Menschen zu finden, die für eine grundlegende Änderung des Status quo eintreten, bei Wissenschaftlern, Künstlern und vorausschauenden Geschäftsleuten und Politikern. Die große Chance für alle, die eine neue Richtung einschlagen wollen, liegt also in der Tatsache begründet, daß sie selbst Ideen haben, während ihre

Gegner nur abgetragene Ideologien besitzen, die vielleicht noch manche Menschen beruhigen können, aber niemanden anregen oder seine Energien vergrößern.

Wie steht es mit den Massenmedien? Werden sie nicht die Verbreitung neuer Ideen blockieren? Es hieße die Dinge zu stark vereinfachen, wenn man behaupten wollte, die Massenmedien verhinderten, weil sie zum Establishment gehören, die Verbreitung von Ideen, welche für einen radikalen Wandel eintreten. Die Massenmedien sind zwar Teil des Establishments, aber sie brauchen auch Abnehmer; deshalb müssen sie, genau wie die Presse Nachrichten drucken muß, Ideen verbreiten, die Anziehungskraft besitzen; außerdem müssen sie sich der Konkurrenz neuer Informations- und Diskussionsformen stellen. Wer die Massenmedien als absolute Hindernisse für die Verbreitung neuer Ideen ansieht, denkt zu doktrinär und abstrakt und übersieht dabei die weniger offenkundigen Gegebenheiten, von denen in einem Land wie den USA Fernsehen, Rundfunk und Presse bestimmt werden. Was für ein Land, in dem die Massenmedien völlig unter staatlicher Kontrolle stehen, richtig sein mag, gilt nicht im selben Maße auch für Massenmedien, die ihre Erzeugnisse ganz real verkaufen müssen.

Glücklicherweise hängt die Verbreitung von Ideen nicht allein von der Gunst der Massenmedien ab. Das Taschenbuch hat die Verlagsmethoden gründlich verändert. Viele Verleger sind zur Veröffentlichung von Ideen bereit, wenn diese einen hinreichend großen Leserkreis finden – und das kann innerhalb des gesamten Lesepublikums eine kleine Minderheit sein; entweder bringen sie die Bücher heraus, weil sie selbst an der Idee interessiert sind oder zumeist einfach weil sie eben Bücher verkaufen müssen. Ein Taschenbuch für sechzig Cents ist wirtschaftlich so zugänglich wie jede große Publikumszeitschrift und kann leicht zur Verbreitung von Ideen beitragen, wenn es interessant geschrieben ist und Aufmerksamkeit erregt.

Eine weitere Methode zur Verbreitung von Ideen wird zwar bereits in großem Umfang genutzt, kann aber noch verbessert werden: ich meine Bulletins und Nachrichtenbriefe, die man relativ billig vervielfältigen und an einen begrenzten Interessentenkreis verschicken kann. Zudem haben einige Rundfunksender begonnen, neuen und fortschrittlichen Ideen sehr viel mehr Sendezeit einzuräumen. Insgesamt gesehen, wird also die Verbreitung neuer Ideen von der neuesten Technik begünstigt: sie hat eine Vielzahl billiger Druckverfahren entwickelt und gestattet es auch schon, mit geringen Kosten kommunale Rundfunkstationen aufzubauen.

Zusammenfassend gesagt: die revolutionären Veränderungen, die zur Humanisierung der technischen Gesellschaft, und das heißt, zu ihrer Rettung von physischer Vernichtung, Enthumanisierung und Wahnsinn nötig sind, müssen alle Lebensbereiche umfassen – Wirtschaft, Sozialleben, Politik und Kultur. Außerdem müssen sie gleichzeitig vor sich gehen, weil eine teilweise Änderung am System nicht zu dessen Gesamtveränderung führen, sondern nur seine Krankheitssymptome in anderen Formen zum Ausbruch bringen wird. Diese Änderungen sind: a) Ein Wandel der Produktions- und Konsumgewohnheiten in solcher Weise, daß die wirtschaftliche Tätigkeit nur noch auf die Entfaltung und das Wachstum des Menschen abzielt, statt ihn, wie unter dem gegenwärtigen, entfremdeten System, so zu verbilden, daß er bestenfalls den Prinzipien einer maximalen Produktion und eines maximalen technischen Nutzeffekts zu dienen vermag. b) Eine Verwandlung des Menschen als Bürger und Teilnehmer am Sozialleben, die ihn nicht mehr ein passives, bürokratisch manipuliertes Objekt sein läßt, sondern ihn aktiv, verantwortungsbereit und kritisch macht. In der Praxis läuft das auf eine Neubelebung unserer Verwaltungsmethoden hinaus, und zwar dadurch, daß die politische Bürokratie einer wirksamen Kontrolle durch die Bürger unterworfen wird und daß an der Entscheidungsfindung von Privatunternehmen alle teilhaben, die dort arbeiten oder dessen Waren und Dienstleistungen gebrauchen. c) Eine Kulturrevolution, die den für die technische Gesellschaft charakteristischen Geist der Entfremdung und Passivität zu verwandeln versucht, damit ein neuer Mensch auftritt, dessen Lebensziel das Sein ist und nicht das Haben oder Gebrauchen; ein Mensch, der die Kräfte der Liebe und der Vernunft voll zu entwickeln sucht und eine neue Einheit von Denken und Fühlen erreicht, da deren gegenwärtige Spaltung zu einer chronischen Massenpsychose geführt hat; ein Mensch, der die Alternative zwischen der infantilen Fixierung an ein allesbefriedigendes Mutterbild (bei dem die Technik zur Großen Mutter der Industriegesellschaft wird) und der Unterwerfung unter eine autoritäre Vaterfigur (also den Staat, der Ruhe und Ordnung vertritt) durch eine neue Synthese überwindet, in der sich Mitleid und Gerechtigkeit, Freiheit und Organisation, Geist und Gefühl vereinbaren lassen.

Diese Kulturrevolution muß von den Menschen in Gang gebracht und gefördert werden, die ohne Rücksicht auf ihre jeweiligen religiösen und philosophischen Überzeugungen das Leben und nicht die Dinge als höchsten Wert betrachten; also von allen, die glauben, daß nicht die Ideen und Begriffe selbst wichtig sind, sondern nur die Realität der menschlichen Erfahrung, in der diese Begriffe wurzeln. Es hat wenig Sinn, über den «neuen Menschen» nachzudenken, solange dies abstrakt und rhetorisch bleibt und nicht wirklich radikal, nämlich von der Sorge um den Menschen und seine Erfahrung bestimmt ist. Wahre Solidarität zeigt sich nur, wo man tiefe und echte menschliche Erfahrungen miteinander teilt, nicht aber Ideologien oder einen gemeinsamen Fanatismus, denn dieser ist narzißtisch verwurzelt und schafft nicht mehr Solidarität als ganz gewöhnliche Betrunkenheit auch. Ideen werden nur mächtig, wenn sie Fleisch werden. Eine Idee, die nicht zu Taten eines Einzelnen oder einer

Gruppe führt, bleibt, falls sie originell und bedeutsam ist, bestenfalls ein Absatz oder eine Fußnote in einem Buch. Sie gleicht dem Saatgut, das zunächst trocken gelagert wird. Wenn die Idee Einfluß gewinnen soll, muß sie in einen Nährboden gelangen, und das sind die Menschen und Menschengruppen.

Die Kulturrevolution muß sich auf eine radikal-humanistische Bewegung stützen, die viele verschiedene Ideologien und Sozialverbände umfaßt. Und es ist von entscheidender Bedeutung, daß sie von kleinen, unmittelbaren Gruppen ausgeht, deren Mitglieder sich gemeinsam um den neuen Menschen bemühen, die sich kennenlernen und sich nicht mehr verbergen wollen, weder vor sich selbst noch vor anderen; und die hier und jetzt den Kern des Menschen so verwirklichen wollen, wie er ihnen als Ziel der Kulturrevolution vorschwebt.

Derartige Gruppen würden dezentralisiert und unbürokratisch arbeiten. Mitglied könnte jeder werden, der lieber aktiv sein als ein Konsument bleiben will, der Verständnis für den radikalen Humanismus hat, seine Ziele bejaht und überzeugt ist, daß Fanatismus und Destruktionslust keine charakteristischen Eigenschaften des Menschen sind, die durch Scheinerklärungen verschleiert und kultiviert werden dürfen, sondern menschliche Schwächen, die es zu überwinden gilt. Solche kleinen Gruppen mit zehn bis zwanzig Mitgliedern lassen sich nicht nur innerhalb der bestehenden politischen, religiösen und sozialen Organisationen bilden, sondern auch von Einzelnen, die außerhalb derartiger Sozialgefüge stehen.

Diese Gruppen müßten ihren Mitgliedern ein richtiges Zuhause bieten, wo sie «Nahrung» im Sinne von Erkenntnissen und zwischenmenschlicher Anteilnahme finden und gleichzeitig Gelegenheit bekommen, auch selber zu geben. Das Ziel der Gruppen wäre, entfremdete Menschen in aktiv teilnehmende zu verwandeln. Deshalb würden die Gruppen natürlich der in der entfremdeten Gesellschaft üblichen Lebensweise kritisch gegenüberstehen, aber sie müssen versuchen, ein Höchstmaß von persönlicher Nicht-Entfremdung zu erreichen, und dürfen sich nicht mit dem Trost ständiger Entrüstung zufriedengeben, der nur ein Ersatz für das Lebendigsein ist.

Die Gruppen würden einen neuen Lebensstil entwickeln: unsentimental, realistisch, aufrichtig, mutig und aktiv. Allerdings muß ihre realistische Unsentimentalität – die, wenn man so will, an Zynismus grenzen kann – unbedingt mit tiefem Glauben und mit Hoffnung zusammengehen. Gewöhnlich sind diese beiden Bereiche ja nicht miteinander verbunden: Menschen des Glaubens und der Hoffnung sind oft unrealistisch, und Realisten hegen wenig Glauben oder Hoffnung. Wir werden aber nur dann einen Ausweg aus der gegenwärtigen Situation finden, wenn Realismus und Glauben sich wieder so vereinbaren lassen wie bei einigen der größten Lehrmeister der Menschheit.

Die Mitglieder der Gruppen würden eine neue Sprache sprechen, die eher ausdrückt als verdunkelt; eine Sprache von Menschen, die selbst Urheber ihres Tuns sind und nicht nur entfremdete Herren über Dinge, die nach den Kategorien des Habens und Gebrauchens verwaltet werden. Sie würden einen anderen Stil des Konsums annehmen: zwar nicht unbedingt einen minimalen, aber doch einen sinnvollen Konsum pflegen, der eher den Bedürfnissen des Lebens als denen der Produzenten dient. Sie würden versuchen, sich persönlich zu wandeln: Um verletzlich und aktiv zu werden, würden sie sich in Kontemplation, Meditation und der Kunst üben, ruhig, nicht getrieben und nicht gierig zu sein. Um die Welt ringsum zu begreifen, würden sie versuchen, die Kräfte innerhalb ihrer selbst zu verstehen, von denen sie bestimmt werden. Sie würden versuchen, über ihr Ego hinauszugelangen und für die Welt offen zu sein. Sie würden versuchen, sich auf ihr eigenes Denken und Fühlen zu verlassen, selbst zu urteilen und die entsprechenden Risiken einzugehen. Sie würden ein Höchstmaß von Freiheit erstreben, wirkliche Unabhängigkeit, und die Verehrung von Götzenbildern und jede Abhängigkeit davon aufgeben. Sie würden inzestuöse Bindungen an die Vergangenheit, an ihre Herkunft, an Familie und Heimatland abwerfen und sie durch liebevolle und kritische Sorge um den Menschen ersetzen. Und sie würden jene Furchtlosigkeit entwickeln, die nur eine tiefe Selbstverwurzelung, Überzeugung und Weltverbundenheit geben kann.

Es bedarf kaum der Erwähnung, daß die Gruppen eigene Projekte verfolgen würden, an denen sie mit Intensität arbeiten; daß sie ihr eigenes kulturelles Leben haben; daß sie sich selbst in denjenigen Kenntnissen und Fertigkeiten ausbilden würden, die unser Bildungs-Establishment nicht zu vermitteln vermag. Die Beziehung zwischen den Mitgliedern wäre ein Tiefenkontakt, bei dem sich die Menschen ohne Schutzpanzer oder Rollenspiel zeigen, um einander wechselseitig ohne Neugier und Zudringlichkeit «sehen», «spüren» und «lesen» zu können.

Ich werde über die verschiedenen Wege zur Erreichung dieser Ziele nichts sagen. Wer es ernst damit meint, wird sie selbst finden. Und wer es nicht ernst meint, für den wäre alles Weitere, was ich sagen könnte, nur ein Wortgeklingel, das zu Illusionen und Mißverständnissen führt.

Ob es genug Menschen gibt, die solch eine neue Lebensform wünschen, und ob sie die Kraft und die Ernsthaftigkeit haben, derartige Gruppen zu bilden, weiß ich nicht. Aber einer Sache bin ich mir sicher: wenn es solche Gruppen gäbe, könnten sie einen beträchtlichen Einfluß auf ihre Mitbürger gewinnen, weil sie die Kraft und Freudigkeit von Menschen zeigen würden, die tiefe Überzeugungen hegen, ohne fanatisch zu sein, die lieben, ohne sentimental zu sein, die Phantasie haben, ohne unrealistisch zu sein, die furchtlos sind, ohne das Leben zu verachten, und die Disziplin halten, ohne sich zu unterwerfen.

Im Laufe der Geschichte haben wichtige Bewegungen immer in kleinen Gruppen begonnen. Wir brauchen nur an die frühen Christen, die Quäkerbewegung oder die Freimaurer zu denken. Es steht fest, daß kleine Gruppen, die kompromißlos eine Idee in aller Reinheit vertreten, die Pflanzschulen der geschichtlichen Entwicklung sind; denn sie halten ihre Idee lebendig, ohne sich darum zu kümmern, in welchem Tempo sie bei der Mehrheit Fortschritte macht. Erst wenn eine Idee nicht mehr Fleisch ist, und sei es auch nur innerhalb einer kleinen Gruppe, kommt sie wirklich in die Gefahr, zu sterben.

Die Gruppen müßten autonom sein, aber sie könnten durch eine lockere gemeinsame Organisation verbunden werden, die den Meinungsaustausch zwischen den Gruppen erleichtert und einigen, wenn nötig, bei der Arbeit helfen könnte. Idealerweise müßten sie sich aus Menschen verschiedenen Alters, verschiedener Bildung, verschiedener Klassen und natürlich auch verschiedener Hautfarbe zusammensetzen.

Wesentlich wäre, daß die Gruppen sich nicht auf bestimmte begriffliche Formulierungen festlegen, die jedes Mitglied anerkennen muß, um überhaupt teilnehmen zu können. Entscheidend ist nicht eine spezifische Begriffsbildung, sondern die Praxis des Lebens, die ganze Einstellung, das allgemeine Ziel. Das heißt jedoch nicht, daß die Gruppen unartikuliert sein sollen, sie müssen über ihre Vorstellungen durchaus diskutieren und sogar streiten. Aber die einende Kraft ist die Haltung und das Handeln jedes Einzelnen und nicht ein begriffliches Programm, das er vielleicht für richtig hält. Natürlich müßten die Gruppen ein allgemeines Ziel haben – dies wurde bereits als Ziel der gesamten Bewegung umrissen. Doch im einzelnen können sich die Gruppen beträchtlich voneinander unterscheiden. Ich könnte mir eine Gruppe vorstellen, die für den bürgerlichen Ungehorsam, und eine andere, die dagegen eintritt. Jeder Einzelne müßte die Gelegenheit haben, sich der Gruppe anzuschließen, deren Einstellung ihm am meisten zusagt, und wäre dabei doch Teil einer größeren Bewegung, die es sich sogar leisten kann, so erhebliche Gegensätze wie die Befürwortung und Ablehnung des bürgerlichen Ungehorsams in sich zu vereinen.

Dieser gesamte Umriß der Bewegung ist nur als ein sehr vorläufiger Anfang gedacht. Vielleicht werden bei der Diskussion darüber bessere Vorschläge auftauchen. Denn es besteht ja bereits eine große Zahl von freiwilligen, zweckgerichteten kommunalen Gruppen, aus deren Erfahrungen sich eine Menge lernen läßt. Eine zunehmende Neigung zur Entfaltung der individuellen Initiative innerhalb einer Gruppe ist in allen Kreisen der Bevölkerung festzustellen, von den studentischen Wohngemeinschaften bis zu bäuerlichen Kooperativen. Es bestehen landwirtschaftliche Zweckverbände, von denen viele wirtschaftlich und menschlich sehr gut funktionieren, und auch in den Städten entwickeln sich neue Formen des Gemeinschaftslebens. Im Grunde ist die spontane Bildung zweckgerichteter Gruppen tief in der amerikanischen Tradition verwurzelt. Es fehlt also keineswegs an Vorbildern und Erfahrungen, die beim Aufbau dieser Bewegung hilfreich sein könnten.

Zusätzlich zu diesen Gruppen könnte man auch erwägen, als Teil der Bewegung radikal-humanistische Clubs zu gründen. Da ihre Mitgliedschaft weit größer sein könnte (vermutlich zwischen hundert und fünfhundert), würde der einzelne Teilnehmer weniger stark in Anspruch genommen. Aber auch sie wären ein Zuhause für jene Menschen, die sich nicht nur persönlich isoliert und «heimatlos» fühlen, sondern gemeinsam die Umwandlung der Gesellschaft und ihres eigenen Lebens im Sinne eines radikalen Humanismus erstreben, um die derzeitige Vorherrschaft des sogenannten gesunden Menschenverstandes, der in Wahrheit ein krankhafter Unverstand ist, zu brechen. Diese Clubs könnten soziale und politische Projekte von allgemeinerer Bedeutung in Angriff nehmen, ohne sich mit irgendeiner Partei identifizieren zu müssen; sie wären Stätten des Lernens und der Anregung für alle, die an der Unterernährung durch unser Bildungssystem leiden, und zugleich kulturelle Zentren der Freude am Leben; sie könnten vielleicht auch eigene Symbole und Rituale entwickeln. Jeder Club müßte völlige Autonomie besitzen und würde sich daher in seinen Interessen und Aktivitäten von allen anderen unterscheiden. Trotzdem hätten sie ein Ziel und eine Grundeinstellung gemeinsam, die sie von den bestehenden politischen oder sozialen Organisationen abhebt. Sie könnten die Basis einer Massenbewegung des radikalen Humanismus sein, die mit den heutigen Zusammenkünften der Quäker oder mancher Logen in der Zeit, als sie noch ernsthafte Inhalte vertraten, vergleichbar wäre.

Doch kehrten wir nun zu der entscheidenden Frage zurück: Können die hier ins Auge gefaßten Änderungen in Produktion, Konsumverhalten und allgemeiner Beteiligung erreicht werden, ohne daß durch Sozialisierung das Privateigentum an den Produktionsmitteln abgeschafft werden müßte? Würde nicht die Privatindustrie gerade diejenigen Änderungen verhindern, die Mindestvoraussetzungen für eine Humanisierung sind?

Drei Überlegungen bieten sich sofort an. Erstens muß eine Sozialisierung der Produktionsmittel nicht notwendig zu einer Humanisierung der technischen Gesellschaft führen. Das naheliegende Beispiel ist die Sowjetunion, wo eine Gesellschaft errichtet wurde, die um nichts weniger entfremdet, bürokratisch und produktionsbesessen ist als die kapitalistische Gesellschaft. Das stimmt zwar, aber es beweist nur, daß die Sozialisierung nicht notwendig eine humanistische Gesellschaft hervorbringt; es beweist jedoch nicht, daß dieses Ziel *ohne* Sozialisierung zu erreichen sei. Mit anderen Worten: die Sozialisierung der Produktionsmittel könnte eine *notwendige*, aber sie braucht keine *hinreichende* Bedingung der Humanisierung zu sein.

Die zweite Überlegung läuft darauf hinaus, daß in einer höchst zentralisierten Industrie wie der amerikanischen das Unternehmen zumeist nicht der Geschäftsleitung gehört, sondern Hunderttausenden von Aktienbesitzern, die kaum Einfluß auf die Geschäfte nehmen; es gäbe deshalb überhaupt keinen richtigen Eigentümer, der so gierig auf maximalen Profit versessen sein könne wie die geschäftsführenden Firmeneigentümer des neunzehnten Jahrhunderts. Nach dieser Theorie müßte es wohlmeinenden Unternehmensführern leicht fallen, die nötigen Reformen selbst einzuleiten, wenn sie nur von deren Notwendigkeit überzeugt werden könnten. Aber diese Überlegung beruht auf falschen Vorraussetzungen. Es stimmt zwar, daß der durchschnittliche Aktienbesitzer bei der Verwaltung «seiner» Gesellschaft wenig mitzureden hat; aber dafür kontrollieren oft Inhaber von kaum fünf Prozent der Aktien die Firma. Und die großen Fonds der Pensionskassen und Versicherungen, die häufig weit mehr als fünf Prozent einer Gesellschaft in Aktien besitzen, können der Unternehmensführung tatsächlich ihren Willen diktieren.

Wenn die Sozialisierung der Produktionsmittel nur als Ergebnis einer sozialistischen Revolution erreichbar wäre, hätte die Humanisierung der Technik, falls solch eine Revolution keine Erfolgsaussichten hat, offensichtlich auch keine. Es erhebt sich daher die Frage, weshalb eine Sozialisierung der Produktionsmittel nicht auch ohne eine siegreiche Revolution möglich ist. Die Gründe sind meines Erachtens vor allem psychologischer Art. Für den modernen Menschen ist die Idee des Privateigentums zu etwas Heiligem geworden, das mehr oder weniger mit Freiheit und persönlicher Identität gleichgesetzt wird. Wer einem Menschen sein Eigentum nimmt, vernichtet ihn damit als Individuum. Das ist vor allem deshalb der Fall, weil in einem System, das nicht das Sein, sondern das Haben als wesentlich betrachtet, der Mensch sich vor allem auf Grund des Eigentums, das er besitzt oder kontrolliert, als Selbst erfährt. Er selbst ist ein Stück Eigentum, in das er eine gewisse Menge Energie und Geld investiert hat und aus dem er nun maximalen Profit herausschlagen muß – das genau heißt, «erfolgreich» zu sein. Eine solche Heiligung des Privateigentums ist zwar paradox und absurd, wenn man bedenkt, daß nur sehr wenige Menschen Eigentum an Produktionsmitteln haben und daß der persönliche Besitz von Konsumgütern wie Autos, Möbeln usw. von der Sozialisierung der Produktionsmittel überhaupt nicht betroffen wäre. Aber diese Irrationalität ist nicht größer als in vielen anderen Fällen, in denen eine Institution zum religiösen Symbol erhoben wurde. Und als Ergebnis widersetzt sich die Mehrheit der Menschen eben aufs heftigste einer Sozialisierung der Produktionsmittel, obwohl sie gar nichts davon besitzt. Deshalb stößt eine gesetzliche Enteignung (sogar einschließlich Entschädigung) auf einen so heftigen Widerstand, daß sie unmöglich durchzusetzen wäre, es sei denn durch eine Revolution.

Zunächst wirkt die alleinige Konzentration auf Fragen der Eigentumsrechte etwas altmodisch, sie paßt besser ins neunzehnte Jahrhundert als in unsere Zeit. Denn zur Erreichung jenes radikalen Wandels, der zu einer Humanisierung der Technik führt, gibt es auch noch andere Wege, die nicht auf so heftige Proteste stoßen müssen. Ich möchte kurz die folgenden Möglichkeiten zusammenstellen:

1. Wir könnten gesetzlich verbieten, daß Aktienbesitz mit Stimmrecht verbunden ist, wobei die Aktienbesitzer wie zuvor ihre Dividende bekämen. Nur das Stimmrecht würde auf die Angestellten der Unternehmen und auf Vertreter der Gewerkschaften, der Konsumenten und der Gemeinden und Länder übergehen. Das Verhältnis, in dem jede dieser Gruppen Stimmrechte bekäme, müßte genau bestimmt werden.

2. Wir könnten gesetzlich festlegen, auf welche Weise die Angestellten eines Unternehmens in kleinen, unmittelbaren Gruppen zur Entscheidungsfindung beitragen.

3. Schließlich könnten weitere Gesetze die Produktion in folgender Weise regeln:

a) Durch Produktionsverbote nicht nur für gesundheitsschädliche Nahrungs- und Arzneimittel, sondern auch für Waren, die psychologisch und geistig für den Menschen schädlich sind.

b) Durch Produktionslenkung in der Richtung, die dem Menschen am meisten nützt, also weg von Waren und Leistungen, die ihn nur passiver machen; das läßt sich durch Gesetzesvorschriften oder durch eine Steuer- und Kreditbegünstigung jener Unternehmen erreichen, deren Produktion im humanen Sinne nützlich ist. Wichtig wären auch Anstöße zu einer Produktion für den öffentlichen und nicht nur für den privaten Konsum (zum Beispiel die Bereitstellung eines gutfunktionierenden öffentlichen Verkehrssystems an Stelle des Privatverkehrs; oder öffentlich finanzierte Wohnungen, Parks usw.).

c) Durch staatliche Finanzierung von Wirtschaftsvorhaben, die im öffentlichen Interesse liegen und nicht durch Privatkapital finanziert werden, und zwar sowohl bei der materiellen Produktion als auch bei der Förderung kultureller Aktivitäten, die dezentralisiert und unbürokratisch erfolgen müßte.

Derartige Gesetze würden die radikalen Änderungen, die im Vorangegangenen beschrieben wurden, möglich machen, ohne daß die Verfassung der Vereinigten Staaten geändert werden müßte. Fraglich ist nur, ob sie nicht genauso schwer zu verwirklichen sind wie die Sozialisierung der Produktionsmittel. Können solche Gesetze ohne den Sieg einer gewaltsamen Revolution verabschiedet werden?

Ob das zu schaffen ist oder nicht, läßt sich nicht voraussagen. Aber ich glaube, daß sie eine reale Möglichkeit darstellen, weil wir es hier mit Vorschlägen zu tun haben, die jeder Mensch rational überprüfen kann, und nicht mehr mit einem so geheiligten Begriff wie dem Privateigentum. Trotzdem fürchte ich, daß man nicht allzu optimistisch sein darf. Die bestehenden Mächte werden alle Mittel einsetzen, um diese Änderungen zu bekämpfen. Sie werden die Menschen zu überreden versuchen, solche Änderungen seien «kommunistisch», eine Bedrohung der Freiheit usw. Es dürfte ein ungeheurer Kampf werden. Aber zumindest eröffnet sich hier eine Aussicht, falls die Reaktion auf die Bedrohung des physischen und geistigen Lebens so stark wird, daß die öffentliche Meinung derartige Änderungen einfach deshalb verlangt, weil sich immer mehr Menschen dem radikalen Humanismus angeschlossen haben. Gerade weil heute nicht mehr allein die Klasseninteressen bestimmter Kreise bedroht sind, sondern das Leben und die geistige Gesundheit aller Menschen, ist die kleine Hoffnung vernünftig, der radikale Humanismus könne in einem so beträchtlichen Teil der Bevölkerung wirksam werden, daß es zu einem radikalen Wandel kommt.

Wir stehen mitten in einer entscheidenden Krise des modernen Menschen. Und wir haben nicht mehr viel Zeit zu verlieren. Wenn wir nicht sofort anfangen, wird es wahrscheinlich zu spät sein. Doch es gibt Hoffnung – weil eine reale Möglichkeit besteht, daß der Mensch wieder in sein Recht eintreten und die technische Gesellschaft humanisieren kann. «Es ist nicht an dir, das Werk zu vollenden, doch bist du auch nicht frei, dich ihm zu entziehen.»[4]

Anmerkungen

I. Der Scheideweg

1 «The technetronic society», *Encounter* 30, Nr. 1 (Jan. 1968), S. 19.

2 Jacques Ellul, *La Technique ou L'Enjeu du siècle*, Paris 1954, Einleitung.

3 Lewis Mumford, *The myth of the machine*, New York 1966.

4 Wie auch in meinen Büchern *Die Furcht vor der Freiheit* und *Der moderne Mensch und seine Zukunft*.

II. Hoffnung

1 Franz Kafka, *Die Romane*, Frankfurt am Main 1965, S. 434.

2 Das spanische Wort *esperar* bedeutet gleichzeitig «warten» und «hoffen» und bezeichnet damit recht klar jene besondere Art von passiver Hoffnung, die ich hier zu beschreiben versuche.

3 Die stalinistische Vorstellung, nach der die Geschichte über Recht und Unrecht, Gut und Böse entscheidet, ist eine direkte Fortsetzung von Robespierres Vergötzung der Nachwelt. Und sie ist das äußerste Gegenteil der Position von Marx; dieser schrieb: «Die Geschichte tut nichts ... Es ist vielmehr der Mensch ... der das alles tut.» (Karl Marx und Friedrich Engels, «Die heilige Familie», *MEGA*, 1. Abt., Bd. 3, Berlin 1932, S. 265). Oder, in den «Thesen über Feuerbach»: «Die materialistische Lehre von der Veränderung der Umstände und der Erziehung vergißt, daß die Umstände von den Menschen verändert und der Erzieher selbst erzogen werden muß.» (*MEGA*, 1. Abt., Bd. 5, Berlin 1932, S. 534.)

4 Eine derartige Hoffnungslosigkeit spricht aus Herbert Marcuses Büchern *Eros und Kultur* (Stuttgart 1957) und *Der eindimensionale Mensch* (Neuwied und Berlin 1967). Alle traditionellen Werte wie Liebe, Zärtlichkeit, Sorge und Verantwortung sollen danach nur in der vortechnischen Gesellschaft von Bedeutung gewesen sein. In der neuen, technischen Gesellschaft ohne Repression und Ausbeutung werde dagegen ein neuer Mensch auftauchen, der sich vor nichts mehr fürchten müsse, auch vor dem Tode nicht, und der bislang noch unspezifizierte Bedürfnisse entwickeln und die Gelegenheit bekommen werde, seine «polymorphe Sexualität» zu befriedigen (ich verweise dagegen auf die *Drei Abhandlungen zur Sexualtheorie* von Sigmund Freud). Kurz: der endgültige Fortschritt des Menschen wird im Rückschritt zur infantilen Lebensweise, zum Glück des satten Säuglings gesehen. Kein Wunder, daß Marcuses Denken in der Hoffnungslosigkeit endet: «Die kritische Theorie der Gesellschaft besitzt keine Begriffe, die die Kluft zwischen dem Gegenwärtigen und seiner Zukunft überbrücken könnten; indem sie nichts verspricht und keinen Erfolg zeigt, bleibt sie negativ. Damit will sie jenen die Treue halten, die ohne Hoffnung ihr Leben der Großen Weigerung hingegeben haben und hingeben.» (*Der eindimensionale Mensch*, S. 268.)

Dieses Zitat zeigt, wie sehr man Marcuse unrecht tut, wenn man ihn als revolutionären Führer attackiert oder bewundert; denn keine Revolution war je auf Hoffnungslosigkeit gegründet, und das wird auch nie geschehen. Aber Marcuse beschäftigt sich nicht einmal mit Politik: wer sich überhaupt nicht auf Schritte von der Gegenwart in die Zukunft einlassen will, treibt weder eine radikale noch irgendwelche andere Politik. Marcuse ist im Grunde ein Musterbeispiel des entfremdeten Intellektuellen, der seine persönliche Verzweiflung als Theorie des Radikalismus ausgibt. Unglücklicherweise hat sein mangelndes Verständnis und in gewissem Sinne auch seine mangelnde Kenntnis von Freud ihm eine goldene Brücke gebaut, auf der er zu einer Synthese des Freudianismus, des bourgeoisen Materialismus und eines gekünstelten Hegelianismus gelangt, die sich in seinen und in den Augen gleichgesinnter «Radikaler» wie die allerfortschrittlichste theoretische Konstruktion ausnimmt. Doch ist dies nicht der Ort für einen ins einzelne gehenden Nachweis, daß wir es hier mit einem naiven intellektuellen Tagtraum zu tun haben, der im wesentlichen irrational und unrealistisch ist und die Liebe zum Leben vermissen läßt.

5 Ich möchte betonen, daß jedes Reden über «das Unbewußte» ein Anzeichen für entfremdetes Denken und Sprechen ist. Es gibt kein Unbewußtes als Organ oder räumliches Ding. Man kann nur äußere oder innere Ereignisse bewußt oder unbewußt erfahren. Wir haben es hier mit einer psychischen *Funktion*, nicht mit einem lokalisierten *Organ* zu tun.

6 Den Begriff Aktivsein (statt des gebräuchlichen Wortes Aktivität) verdanke ich einer Anregung von Michael Maccoby; entsprechend gebrauche ich den Begriff Passivsein statt Passivität dann, wenn Aktivsein oder Passivsein sich auf eine Einstellung oder einen Geisteszustand beziehen.

Die Probleme der Aktivität und Passivität in Verbindung mit der produktiven Orientierung habe ich in mehreren Büchern behandelt. Außerdem möchte ich Ernest G. Schachtels Buch *Metamorphosis* (New York 1959) der besonderen Aufmerksamkeit meiner Leser empfehlen, da es eine vortreffliche Erörterung der Aktivität und Passivität enthält.

7 Auf hebräisch bedeutet das Wort für Glauben (*emuna*) «Gewißheit». *Amen* heißt «gewißlich».

8 Das Bedürfnis nach Gewißheit wird im III. Kapitel erörtert.

9 Die Bedeutung von «rational» und «irrational» wird im IV. Kapitel erörtert.

10 «Vanitas! vanitatum vanitas!» *Sophienausgabe*, Bd. 1, S. 132 f.

11 Dies ist nicht der Ort, die Problematik einer Definition des organischen Lebens und der anorganischen Materie oder auch der Abgrenzung zwischen beiden zu erörtern. Sicherlich sind vom Standpunkt der heutigen Biologie und Genetik die traditionellen Unterscheidungen fraglich geworden; doch darf man daraus nicht schlußfolgern, daß sie ihre Gültigkeit verloren hätten: sie müssen verfeinert, nicht aber ersetzt werden.

12 Mit dem Wesen des prophetischen Alternativdenkens habe ich mich sehr eingehend in dem Buch *Die Herausforderung Gottes und des Menschen*, Konstanz 1970, beschäftigt. Vgl. dort auch die Erörterung der apokalyptischen Tendenz im jüdischen messianischen Denken, die im Gegensatz zu dem ursprünglich alternativistischen steht. (S. 136 ff.)

13 Leo Baeck, *Das Wesen des Judentums*, 3. Aufl. Frankfurt 1923, S. 256.

14 Leo Baeck benutzt diese Begriffe in seinem angeführten Werk. Teilhard de Chardin hat in dem Buch *Die Zukunft des Menschen* (in: *Werke*, Bd. 5, Olten und Freiburg 1963) versucht, eine Synthese aus diesen Vorstellungen zu gewinnen.

15 Ernst Bloch hat in seinem Werk *Das Prinzip Hoffnung* (Frankfurt am Main 1959) stärker als jeder andere den prophetischen Grundsatz der Hoffnung im marxistischen Denken herausgearbeitet. Eine große Zahl von humanistischen Sozialisten unserer Tage beteiligte sich an dem Band *Symposium on socialist humanism*, hrsg.

von Erich Fromm, New York 1965. Vgl. auch die englische Ausgabe der jugoslawischen Zeitschrift *Praxis* und die vom *Forum* veröffentlichte und von Günther Nenning herausgegebene internationale Zeitschrift *Dialogue*, in der sich christliche und nichtchristliche Humanisten zum Gespräch zusammenfinden.

Die weitverbreitete Überzeugung, Marx habe ein deterministisches Geschichtsbild besessen, nach dem der Sieg des Sozialismus unvermeidlich sei, ist meines Erachtens unrichtig. Marx erweckt den Eindruck des Determinismus durch seine Formulierungen: diese wurzeln in einem propagandistischen Predigtstil, der sich oft mit seinem analytischen, wissenschaftlichen Stil vermischt. Die wohl brillanteste Deuterin der Marxschen Theorien, Rosa Luxemburg, betonte dagegen den Ansatz beim Alternativ-Denken mit ihrem Hinweis auf die «Alternative zwischen Sozialismus und Barbarei».

16 Dieses Problem und andere Ausprägungen der Zerstörungssucht behandle ich im einzelnen in meinem nächsten Buch *The causes of human destructiveness.*

III. Wo stehen wir heute, und wohin führt der Weg?

1 Vgl. die Äußerungen von Burckhardt, Proudhon, Baudelaire, Thoreau, Marx und Tolstoi, die ich in meinem Buch *Der moderne Mensch und seine Zukunft* auf den Seiten 189 ff. zitiert habe.

2 Vgl. Erich Fromm, *Das Menschenbild bei Marx*, Frankfurt 1963.

3 John Stuart Mill, *Grundsätze der politischen Ökonomie* (1848), Bd. 2, Jena 1921, S. 391 f.

4 «The technetronic society», S. 19. (Vgl. Anm. 1 im I. Kapitel.)

5 Lewis Mumford, *The myth of the machine.* (Vgl. Anm. 3 im I. Kapitel.)

6 Auf die Tatsache, daß ein unterentwickelter Teil der Bevölkerung noch nicht an diesem neuen Lebensstil teilhat, habe ich bereits hingewiesen.

7 Bei der Überarbeitung dieses Manuskripts bekam ich einen Aufsatz von Hasan Ozbekhan zu sehen: «The triumph of technology: ‹Can› implies ‹ought›». Dieser Aufsatz ist die Bearbeitung eines Vortrags am MIT und wurde als Vervielfältigung von der System Development Corporation, Santa Monica, Calif. veröffentlicht; Mr. George Weinwurm schickte ihn mir freundlicherweise zu.

Wie der Titel schon andeutet, gibt Ozbekhan derselben Vorstellung Ausdruck, die ich hier umrissen habe. Er legt das Problem in brillanter Weise vom Standpunkt eines hervorragenden Fachmanns auf dem Gebiet der Verwaltungswissenschaft dar, und ich finde es sehr ermutigend, daß die gleiche Idee in Werken von Autoren erscheint, deren Fachgebiet so verschieden sind wie das seine und meines. Ich zitiere einen Satz daraus, der die Übereinstimmung seiner und meiner Vorstellungen zeigt: «So wird die Durchführbarkeit, die ein strategischer Begriff ist, zu einem normativen Begriff erhoben; und das Ergebnis ist, daß alles, was wir in der technischen Wirklichkeit tun *können*, als Aufforderung verstanden wird, daß wir es tun *müssen.*» (S. 7.)

8 In C. West Churchmans Buch *Challenge to reason* (New York 1968) finde ich eine vortreffliche Formulierung dieses Problems:

«Wenn wir die Vorstellung von immer größer werdenden Systemmodellen untersuchen, erkennen wir vielleicht, in welchem Sinne die Vollständigkeit eine Herausforderung der Vernunft darstellt. Eine Modellvorstellung, die ein gutes Beispiel für das Vollständigkeitsstreben abgibt, ist das sogenannte Allokations-Modell: Es betrachtet die Welt als ein System von Tätigkeiten, die Materialien und Bearbeitungsvorgänge allein dazu einsetzen, nutzbare Produkte auszustoßen.

Das Denken in diesem Modell ist überaus einfach. Man sucht nach einem zentralen, quantitativen Maß für die Leistungsfähigkeit des Systems, und es lautet: Je mehr von dieser Quantität erzeugt wird, um so besser. Je mehr Profit zum Beispiel eine Firma macht, um so besser. Je mehr qualifizierte Absolventen eine Universität produziert, um so besser. Je mehr Nahrungsmittel wir herstellen, um so besser. Dabei zeigt sich, daß die Wahl des Maßstabs für die Leistungsfähigkeit des Systems überhaupt nicht kritisch ist, solange es sich nur um ein Maß handelt, das allgemein einleuchtet.

Wir nehmen dann dieses angestrebte Maß der Leistungsfähigkeit und setzen es in Beziehung zu den möglichen Tätigkeiten des Systems. Das können die Arbeiten verschiedener Herstellungsbetriebe, von Schulen und Universitäten, von landwirtschaftlichen Unternehmen usw. sein. Jede bedeutungsvolle Tätigkeit trägt zu der angestrebten Quantität in einer erkennbaren Weise etwas bei. Der Beitrag läßt sich oft sogar als mathematische Funktion darstellen, die den Umfang der Tätigkeit zum Umfang der angestrebten Quantität in Beziehung setzt. Je mehr von einem bestimmten Produkt verkauft wird, um so höher ist der Profit der Firma. Je mehr Lehrveranstaltungen abgehalten werden, um so mehr Universitätsabsolventen gibt es. Je mehr Düngemittel, um so mehr Nahrung.» (S. 156 f.)

9 Die Frage, ob ein unbegrenzter Anstieg von Produktion und Verbrauch wirtschaftlich notwendig ist, wird im V. Kapitel erörtert werden.

10 Paul Mazur, *The standards we raise*, New York 1953, S. 32.

11 «Ökonomisch-philosophische Manuskripte», *MEGA*, 1. Abt., Bd. 3, Berlin 1932, S. 131, 129 und 127.

12 «Why is economics not an evolutionary science?» In: Thorstein Veblen, *The place of science in modern civilization and other essays*, New York 1919, S. 73. (Hervorhebung von Erich Fromm.)

13 Das Denken des Paranoikers ist dadurch gekennzeichnet, daß es zwar vollkommen logisch sein kann, aber überhaupt nicht durch die Sorge um oder die konkrete Beschäftigung mit der Realität gesteuert wird; mit anderen Worten: Logik schließt Irrtum nicht aus.

14 Das folgende Beispiel zeigt den Unterschied zwischen dem, was üblicherweise als krank und was als normal angesehen wird. Wenn jemand die Meinung vertreten würde, zur Befreiung unserer Städte von der Luftverschmutzung müßten alle Fabriken, Autos, Flugzeuge usw. zerstört werden, würde niemand daran zweifeln, daß er geisteskrank ist. Doch wenn eine Übereinkunft besteht, daß zum Schutze des Lebens, der Freiheit und der Kultur unseres Landes oder anderer Nationen, zu deren Schutz wir uns verpflichtet fühlen, ein Atomkrieg als letztes Hilfsmittel dienlich sein könne, erscheint eine solche Anschauung vollkommen vernünftig. Der Unterschied liegt überhaupt nicht in den jeweiligen Überlegungen, sondern darin, daß die erste Idee kein Allgemeingut ist und deshalb abnorm erscheint, während die zweite von Millionen von Menschen und von mächtigen Regierungen geteilt wird und daher normal aussieht.

15 Michael Maccoby hat mit Hilfe eines «interpretativen» Fragebogens das Vorkommen des Syndroms der Lebensliebe dem der Todesliebe in den verschiedenen Bevölkerungsschichten untersucht. Vgl. seinen Aufsatz «Polling emotional attitudes in relation to political choices» (noch nicht erschienen).

16 Dean E. Wooldridge schreibt zum Beispiel in *Mechanical man* (New York 1968), es werde möglich sein, Computer herzustellen, welche «völlig ununterscheidbar von Menschen sind, die auf die gewöhnliche Weise hervorgebracht wurden» (!) (S. 172). Und Marvin L. Minsky, ein anerkannter Computerfachmann, meint in seinem Buch *Computation* (Englewood Cliffs 1967): «Es besteht kein Grund zu der Annahme, daß

Maschinen andere Grenzen hätten als der Mensch» (S. VII).

17 Diese Kritik an Lorenz bezieht sich nur auf jenen Teil seiner Werke, in dem er mit Analogieschlüssen psychologische Probleme des Menschen abhandelt; nicht jedoch auf seine Arbeiten über tierisches Verhalten und die Instinkttheorie.

18 Bei der Überarbeitung dieses Manuskripts stellte ich fest, daß Lewis Mumford 1954 dieselbe Vorstellung zum Ausdruck gebracht hat: «Der moderne Mensch nähert sich daher jetzt dem letzten Akt seiner Tragödie, und selbst wenn ich wollte, könnte ich nicht deren Endgültigkeit und Schrecken verbergen. In unserer Zeit sind wir Zeugen geworden, wie der Automat und das Es sich zur engsten Partnerschaft zusammengeschlossen haben; das Es stieg aus den unteren Tiefen des Unbewußten herauf, und der Automat, also der maschinengleiche Denker und die menschengleiche Maschine, die sich völlig von anderen lebenserhaltenden Funktionen und menschlichen Reaktionen gelöst haben, sind von den Höhen des bewußten Denkens herabgestiegen. Die erste Kraft hat sich, sobald sie von der Gesamtpersönlichkeit gelöst war, brutaler gezeigt als das wildeste wilde Tier; und die zweite Kraft ist derart unzugänglich für menschliche Gefühle, menschliche Ängste und menschliche Zwecke, und sie ist derart festgelegt, nur den begrenzten Bereich von Fragen zu beantworten, für den sie ursprünglich programmiert wurde, daß ihr jede rettende Intelligenz fehlt, die ihren eigenen zwanghaften Mechanismus abstellen könnte, ehe sie die Wissenschaft und die Kultur in ihren eigenen Untergang stürzen läßt.» (*In the name of sanity*, New York 1954, S. 198).

19 Der lutherisch-calvinistische Zweig der christlichen Theologie lehrte den Menschen auf eine paradoxe Weise, sich bei seinen Entscheidungen nicht vor der Anwendung falscher Kriterien zu fürchten. Luther schätzte die menschliche Freiheit und die Rolle der guten Werke gering ein und lehrte deshalb, die einzige Entscheidung des Menschen bestehe darin, seinen Willen vollständig Gott zu unterwerfen und dadurch von dem Risiko befreit zu werden, auf Grund seiner eigenen Kenntnis und Verantwortung Entscheidungen treffen zu müssen. Nach Calvins Vorstellung ist dagegen alles vorherbestimmt, und die Entscheidung des Menschen spielt überhaupt keine Rolle, doch ist sein Erfolg im Leben ein Anzeichen dafür, daß er zu den Erwählten gehört. Ich habe in meinem Buch *Die Furcht vor der Freiheit* (Frankfurt 1966) auf die Verzweiflung und die Angst hingewiesen, in denen diese Lehren wurzelten.

20 Vgl. Peter Soelbergs Erörterung der individuellen Ziele bei der Entscheidungsfindung in: «Structure of individual goals», *Implication for organization theory, the psychology of management decision*, hrsg. von George Fisk (Lund 1967), S. 15-32.

21 In: *Unless peace comes*, hrsg. von Nigel Calder (New York 1968), S. 91 ff.

22 A. N. Whitehead, *The function of reason*, New York 1958, S. 80.

23 H. Ozbekhan hat in einer sehr glücklichen Begriffsbildung festgestellt, jedem «strategischen» und «taktischen» müsse ein «normatives» Planen vorangehen.

IV. Was heißt es, menschlich zu sein?

1 Vgl. hierzu Lewis Mumfords Erörterung in: *The myth of the machine*, New York 1966.

2 Vgl. Johan Huizinga, *Homo ludens* – Vom Ursprung der Kultur im Spiel, Reinbek 1956 (rde Bd. 21), sowie Gustav Bally, *Vom Ursprung und von den Grenzen der Freiheit.* Eine Deutung des Spiels bei Tier und Mensch, Basel 1945.

3 Es ist der Anmerkung wert, daß Marx das berühmte Aristoteles-Wort, der Mensch sei ein politisches Wesen, kritisierte und statt dessen den Menschen als

soziales Wesen verstand und daß er Benjamin Franklins Definition, der Mensch sei ein Werkzeugmacher, als typisches Yankeetum ablehnte.

4 A. N. Whitehead, *The function of reason*, New York 1958, S. 4.

5 Neuere Versuche mit der Einschränkung von Sinneswahrnehmungen haben gezeigt, daß eine extreme Ausschaltung von Reizen, auf die der Mensch reagieren könnte, Symptome einer schweren geistigen Erkrankung hervorruft.

6 Etwas Ähnliches wurde bei psychotischen Patienten beobachtet, die auf Bauernhöfen oder unter anderen, nicht gefängnisartigen Bedingungen leben. Sie zeigten bei dieser Abwesenheit von Zwang wenig Gewalttätigkeit. Dies beweist, daß der angebliche Grund für ihre frühere, gefängnisartige Behandlung, nämlich ihre Gewalttätigkeit, genau zu dem Ergebnis geführt hatte, das die Behandlung verringern und unter Kontrolle bringen sollte.

7 Vgl. die Untersuchungen von Bachofen und Briffault über matriarchalische Gesellschaften.

8 Die heute sehr häufigen Fälle von «Mutter-Fixierung» werden in der orthodoxen Psychoanalyse als Ergebnis einer unaufgelösten sexuellen Bindung an die Mutter erklärt. Diese Erklärung übersieht die Tatsache, daß die Mutterbindung nur einer der möglichen Auswege aus dem Dilemma der menschlichen Existenz ist. Der abhängige Einzelne des zwanzigsten Jahrhunderts lebt in einer Kultur, die von ihm Unabhängigkeit erwartet, und er wird verwirrt und oft neurotisch, weil seine Gesellschaft ihm – im Gegensatz zu den primitiveren – keine sozialen und religiösen Verhaltensmuster anbietet, die er zur Befriedigung seines Abhängigkeitsbedürfnisses brauchen würde. Die «Fixierung» an die Mutter ist der persönliche Ausdruck einer Antwort auf die Fragen der menschlichen Existenz, die in anderen Kulturen religiös ausgedrückt wurde. Es ist zwar eine Antwort, aber sie tritt in Konflikt mit der vollen Entwicklung des Einzelnen.

9 Marx, «Ökonomisch-philosophische Manuskripte», *MEGA*, 1. Abt., Bd. 3, Berlin 1932, S. 161.

10 Marx, ebd., S. 118 f.

11 Die Arbeiten von Benjamin L. Whorf zeigen die enge Verbindung zwischen der Sprache und den unterschiedlichen Denk- und Erfahrungsweisen. Vgl. dazu auch den bedeutsamen Beitrag von Ernest G. Schachtel in seinem Buch *Metamorphosis* (Anm. 6, II. Kapitel) und in früheren Veröffentlichungen.

12 Diese Ansicht vertritt zum Beispiel ein so scharfsinniger Biologe wie Ludwig von Bertalanffy, der, von einer anderen Disziplin ausgehend, in vieler Hinsicht zu ähnlichen Schlußfolgerungen gelangt, wie sie in diesem Buch gezogen werden.

13 Ich verweise in Dankbarkeit auf die anregenden Diskussionen mit dem verstorbenen Dr. Raúl Hernandez Peón aus Mexiko und mit Dr. Manfred Clynes vom Rockland State Hospital, New York.

14 Nebenbei bemerkt: was die «Antriebe» betrifft, die nur dem Überleben dienen, so läßt sich möglicherweise ein Computer entwickeln, der diese ganze Seite der Gefühlsempfindungen simulieren könnte; doch was die spezifisch menschlichen Gefühle angeht, die keinen Überlebenszwecken dienen, kann man sich kaum vorstellen, daß sie mit einem Computer zu simulieren wären. Man könnte also wohl sagen: Die «humane Erfahrung» ist negativ als eine Erfahrung zu definieren, die sich von keiner Maschine nachahmen läßt.

15 In der Psychoanalyse und verwandten Formen der Tiefen-Psychotherapie beruht eine Kenntnis des Patienten auf der Fähigkeit des Analytikers, *ihn* zu kennen, und nicht auf seiner Geschicklichkeit, genug Daten anzusammeln, um *über ihn* Bescheid zu

wissen. Oft tragen die Daten der Entwicklung und der Erfahrungen des Patienten zum Kennenlernen bei, aber sie sind nur Nebenumstände einer Erkenntnis, die keine Daten braucht, vielmehr völlige Offenheit gegenüber dem anderen – und Offenheit in sich selbst. Das kann sich einstellen, wenn man den Patienten zum erstenmal sieht oder erst lange Zeit später; aber der Akt dieser Erkenntnis ist immer plötzlich, intuitiv und nicht das Endergebnis ständig zunehmender Informationen über die Lebensgeschichte des Betreffenden.

16 «Bedeutende Fördernis durch ein einziges geistreiches Wort», *Sophienausgabe*, II. Abth., Bd. 13, S. 38.

17 Der Freudsche Begriff des Über-Ichs ist eine psychologische Formulierung für das autoritäre Gewissen: man befolgt die Befehle und Verbote des eigenen Vaters und später die der sozialen Autoritäten.

18 Im fernöstlichen Denken wurde dieses Ich-Zentrum mitunter zwischen den Augen lokalisiert – dort, wo nach mythologischer Ausdrucksweise früher das «dritte Auge» war.

19 In diesem schmalen Buch ist nicht der Raum für eine detaillierte Erörterung der Unterschiede zwischen dem hier vorgetragenen Identitätsbegriff und dem von Erikson. Ich hoffe, zu einem späteren Zeitpunkt eine genauere Erörterung dieser Unterschiede veröffentlichen zu können.

V. Schritte zur Humanisierung der technischen Gesellschaft

1 «The advance of cybernation: 1965–1985» in: *The guaranteed income*, hrsg. von Robert Theobald, New York 1967.

2 Ich benutze dieses Wort als Gegenbegriff zu Aktivierung; es steht zwar nicht im Wörterbuch, ist aber ein notwendiges Wort, weil es einige Umstände gibt, die den Menschen aktiver, und andere, die ihn passiver machen.

3 Hasan Ozbekhan hat das Problem sehr bündig formuliert: «Bei alldem haben wir versäumt, den sogenannten Desideraten, die uns bestimmen, operationale Bedeutungen zuzuschreiben, ihren inneren Wert in Frage zu stellen, die Auswirkungen unserer Pläne und Handlungen auf lange Sicht zu berücksichtigen und zu überlegen, ob das scheinbar von uns erwartete Ergebnis tatsächlich jener *Qualität des Lebens* entspricht, nach der wir angeblich streben – und ob unsere derzeitigen Handlungen uns dorthin bringen. Mit anderen Worten: nach meinem Verständnis von Planung versäumen wir im tieferen Sinne, überhaupt zu planen.» (Vgl. Hasan Ozbekhans Aufsatz, Anm. 7 im III. Kapitel. Außerdem möchte ich dankbar einige weiterführende persönliche Anregungen von Mr. Ozbekhan sowie von Martin K. Starr und Raymond G. Brown erwähnen.)

4 Näheres hierüber findet sich an späterer Stelle in diesem Kapitel.

5 Im folgenden werde ich immer von «humanistischer Organisation» sprechen, weil das Wort Bürokratie als Bezeichnung für eine entfremdete Organisationsweise belastet ist.

6 Im folgenden werde ich jeden, der einer Kontrolle durch die Bürokratie unterworfen ist, als «Subjekt» bezeichnen.

7 Vgl. Anm. 1 im I. Kapitel.

8 Bei der Überarbeitung dieses Manuskripts las ich eine Aussage von Vizeadmiral Hyman Rickover vor dem außenpolitischen Ausschuß des amerikanischen Senats; Rickover beschuldigte die zivile Bürokratie des Verteidigungsministeriums, durch die

Finanzierung und Durchführung von verhaltens- und sozialwissenschaftlichen Forschungen im Ausland außenpolitische Spannungen zu schaffen: «Da das Verteidigungsministerium weitaus überlegene Mittel zur Verfügung hat und selbst in Friedenszeiten den größten Teil der von der Regierung erhobenen Steuern bekommt, mußte es einfach zur einflußreichsten Abteilung der Exekutive werden.» (*New York Times*, 19. 7. 1968)

9 Marx hat das Wesen einer nichtbürokratischen Menschenbeeinflussung sehr bündig so gekennzeichnet:

«Setze den *Menschen* als *Menschen* und sein Verhältnis zur Welt als ein menschliches voraus, so kannst du Liebe nur gegen Liebe austauschen, Vertrauen nur gegen Vertrauen etc. Wenn du die Kunst genießen willst, mußt du ein künstlerisch-gebildeter Mensch sein; wenn du Einfluß auf andre Menschen ausüben willst, mußt du ein wirklich anregend und fördernd auf andre Menschen wirkender Mensch sein. Jedes deiner Verhältnisse zum Menschen – und zu der Natur – muß eine *bestimmte*, dem Gegenstand deines Willens entsprechende *Äußerung* deines *wirklichen individuellen* Lebens sein. Wenn du liebst, ohne Gegenliebe hervorzurufen, d. h. wenn dein Lieben als Lieben nicht die Gegenliebe produziert, wenn du durch eine *Lebensäußerung* als liebender Mensch dich nicht zum *geliebten Menschen* machst, so ist deine Liebe ohnmächtig, ein Unglück.»

«Ökonomisch-philosophische Manuskripte», *MEGA*, 1. Abt., Bd. 3, Berlin 1932, S. 149.

10 Ein ähnliches Machtgefühl hat der Wähler, wenn er sich zwischen den verschiedenen Kandidaten entscheiden darf, die um seine Gunst werben, oder der Fan eines Filmstars, der seine Macht darin spürt, daß er seinen Abgott in den Himmel heben oder vernichten kann.

11 Während der Überarbeitung des Manuskripts lese ich, daß eine amerikanische Bundesbehörde den Gesetzesvorschlag einbringt, die Zigarettenwerbung in Rundfunk und Fernsehen völlig zu verbieten. (Das ist inzwischen geschehen. Anm. d. Übers.)

12 Ich bedanke mich beim Stellvertretenden Generalstaatsanwalt Frank W. Wozenkraft für seine Auskunft über die geltenden Gesetze.

13 Vgl. das Buch *The guaranteed annual income*, hrsg. von Robert Theobald (New York 1967); außerdem die Vorschläge von Milton Friedman, James Tobin und dem Abgeordneten Melvin Laird aus Wisconsin, der einen Gesetzesentwurf vorgelegt hat, in dem die meisten Einzelheiten von Friedmans Plan enthalten sind.

14 C. E. Ayres, «Guaranteed income: An institutionalist view», ebd. (vgl. Anm. 13), S. 170.

15 Meno Lovenstein, «Guaranteed income and traditional economics»; ebd. (vgl. Anm. 13), S. 124.

16 John Stuart Mill, *Grundsätze der politischen Ökonomie*, Bd. 2, Jena 1921, S. 394 f.

17 Alfred Marshall, *Handbuch der Volkswirtschaftslehre*, Bd. 1, Stuttgart–Berlin 1905, S. 681 f.

18 Bekanntlich sind die hier umrissenen Prinzipien grundlegend für das buddhistische und das jüdisch-christliche Denken. Interessanterweise bezeichnet auch der marxistische Philosoph Adam Schaff (*Marxismus und das menschliche Individuum*, Reinbek 1970) die Überwindung des Egoismus als Grundprinzip der marxistischen Ethik.

19 Der bedeutende tschechische Philosoph Fišer betont in seiner (noch nicht erschienenen) gründlichen Untersuchung über den Buddhismus, dieser sei im Verlauf der Geschichte neben dem Marxismus die einzige Philosophie gewesen, die sofort den

Geist der Massen gefesselt und sich – als Philosophie – zu dem entwickelt habe, was man im Westen gewöhnlich als Religion bezeichnet. Aber er weist auch darauf hin, daß man den Buddhismus nicht kopieren oder in seiner gegenwärtigen Form als neue Religion der Industriegesellschaft annehmen kann. Dies gilt auch für den Zen-Buddhismus, der meines Erachtens das am weitesten vergeistigte, antiideologische und seelisch-geistige System ist und alle Eigenschaften einer «nichtreligiösen» Religion aufweist. Es ist kein Zufall, daß der Zen-Buddhismus bei Intellektuellen und ganz besonders bei jungen Leuten starken Widerhall gefunden hat und die Hoffnung erweckte, einen tiefen Einfluß auf die westliche Welt ausüben zu können. Ich glaube, seine Vorstellungen könnten das auch, aber er selbst müßte noch neue und nicht vorhersagbare Wandlungen durchmachen, um ein Äquivalent für die westlichen Religionen zu werden.

VI. Können wir es schaffen?

1 Thorstein Veblen, *The engineers and the price system*, New York 1963, S. 97.
2 Veblen, ebd., S. 99.
3 Veblen, ebd., S. 100.
4 Mischna, *Pirke Abot* (Sprüche der Väter), II, 21.

Erik H. Erikson
Kindheit und Gesellschaft

Aus dem Engl. von Marianne von Eckardt-Jaffé
426 Seiten. Leinen- und kartonierte Ausgabe

»Das Buch ist seit Erscheinen der 1. Auflage zu einem Standardwerk... geworden. Bemerkenswert ist neben der Vielseitigkeit der Aspekte die Vorurteilslosigkeit, mit der sich Erikson um das Verständnis fremder Kulturen und ihrer Erziehungsprobleme bemüht. Die Darstellung wird durch die Einfügung instruktiver, aus dem Leben gegriffener Einzelbeobachtungen besonders klar und anschaulich.... Sowohl für den Kinderpsychiater, den Psychotherapeuten und den Kinderarzt als auch für den Soziologen, den Psychologen und den Pädagogen von größtem Interesse.«

Zentralblatt für die gesamte Neurologie
und Psychiatrie, Berlin

»Eriksons Buch ist ein klassisches Beispiel psychoanalytischer Arbeitsmethode mit neuen Aspekten des Ich und leistet einen wertvollen Beitrag zum besseren Verständnis unserer Lebenssituation.«

Der Psychologe, Bern

»Ein ganz entschiedener Vorstoß in die Anthropologie der Kinderaufzucht! Sein Beitrag wird niemals übersehen werden können. Er erhellt die Wechselbeziehung zwischen den Formen der Säuglings- und Kindererziehung einerseits und den Lebensformen und Lebenszielen einer Gesellschaft andererseits.«

Praxis der Kinderpsychologie und Kinderpsychiatrie,
Göttingen

KLETT-COTTA

rororo aktuell

Die größte politische Taschenbuchreihe der Bundesrepublik

Herausgegeben von Freimut Duwe

Kritische Aufklärung

Dutschke, Rudi/Wilke, Manfred (Hg.)
Die Sowjetunion, Solschenizyn und die westliche Linke (1875)

Elsenhans, Hartmut/Jänicke, Martin (Hg.)
Innere Systemkrisen der Gegenwart
Ein Studienbuch zur Zeitgeschichte (1827)

Fuchs, Jürgen
Gedächtnisprotokolle. Mit Liedern von Gerulf Pannach (4122)

Galtung, Johan
Strukturelle Gewalt. Beiträge zur Friedens- und Konfliktforschung (1877)

Havemann, Robert
Dialektik ohne Dogma? Naturwissenschaft und Weltanschauung (683)

Kahl, Joachim
Das Elend des Christentums oder Plädoyer für eine Humanität ohne Gott
Mit einer Einführung von Gerhard Szczesny (1093)

Kühl, Reinhard
Formen bürgerlicher Herrschaft
Liberalismus – Faschismus (1342)
Formen bürgerlicher Herrschaft II
Der bürgerliche Staat der Gegenwart (1536)

Kühnl, Reinhard (Hg.)
Texte zur Faschismusdiskussion I
Positionen und Kontroversen (1824)

Geschichte und Ideologie
Kritische Analyse bundesdeutscher Geschichtsbücher (1656)

Thesenstreit um „Stamokap" oder Die Dokumente zur Grundsatzdiskussion der Jungsozialisten (1662)

Menschenrechte
Ein Jahrbuch zu Osteuropa. Hg. Jiří Pelikán und Manfred Wilke (4192 – Nov. 77)

aktueller Leitfaden

Däubler, Wolfgang
Das Arbeitsrecht. Von der Kinderarbeit zur Betriebsverfassung. Ein Leitfaden für Arbeitnehmer (4057)

Hofmann, Werner
Grundelemente der Wirtschaftsgesellschaft. Ein Leitfaden für Lehrende (1149)

Israel, Joachim
Die sozialen Beziehungen. Grundelemente der Sozialwissenschaft. Ein Leitfaden (4063)